알쏭 달쏭 영문법 ①

서 용 득 지음

저자 **서용득**(徐龍得)
SUH, Yong-deuk

현재 경상대학교 영어교육과 교수
경상대학교 사범대학 영어교육과(문학사)
고려대학교 대학원 영어영문학과(문학석사)
고려대학교 대학원 영어영문학과(문학박사)
미국 The University of Wisconsin at Madison 교환교수
영국 The University of Sheffield 교환교수
경상대학교 교육연구원 책임연구원(Education Research Institute, GNU)

『Intensive Laboratory English』(신아사, 1994)
『영어듣기와 말하기 이해의 지름길』(인터비젼, 1998)
『영어드라마 활용의 길』(인터비젼, 1998)
『영미 드라마 즐기기』(인터비젼, 1999)
『영어드라마 활용의 이론과 실제』(인터비젼, 2001)
『Easy Grammar 사귀기』(인터비젼, 2006)
『Easy Grammar 놀기』(인터비젼, 2006)
『별 것 아닌 영어발음』(인터비젼, 2006)
『차와 드라마 마주 앉다』(인터비젼, 2007)
『영어발음 별 건가요?』(인터비젼, 2007)
『영어 영재를 어떻게 선발할 것인가?』(인터비젼, 2009)
『영문학을 활용한 영어교육』(인터비젼, 2009)
『TOEIC의 정석』(컴퍼스미디어, 2011)
『33가지 알짜영어 맛보기: 문법편』(영출판사, 2011)
『33가지 알짜영어 맛보기: 어휘편』(영출판사, 2012)
『영어교육과 문화 나들이』(경상대학교출판부, 2012)
『TOEIC 어휘, 1,000 이것만 하면 된다!』(영출판사, 2012)
『33가지 알짜영어: 문법편』(영출판사, 2012)
『33가지 알짜영어: 어휘편』(영출판사, 2012)
『Jumping on TOEIC Stage』(JRM, 2013)
『33가지 기초 영문법 노트』(영출판사, 2013)
『33가지 마인드 맵 영문법』(영출판사, 2013)
『누구나 영어발음 잘 할 수 있다!』(영출판사, 2015)
『영문법 에세이: 문장 제대로 파악하기』(영출판사, 2015)
『영문법 에세이: 동사의 친 · 인척과 함께』(영출판사, 2015) 등 책 여러 권 출간

들어가면서

영문법의 성은 견고한가? 영문법의 세계는 아름다운가? 영문법이 영어를 공부하는 우리들에게 어떤 도움을 주는가? 더 나아가 우리는 왜 영문법에 관심을 가져야 하는가에 대한 근본적인 물음과 적절한 답이 없이 우리나라 영어 학습자들은 길을 잃고 헤매고 있는 것은 아닐까? 영문법의 길을 잃은 나그네에게 길을 안내해준다는 사람들은 많은데, 과연 얼마나 영어 학습자가 제대로 된 길을 찾아가는지에 대한 궁금증이 일어난다.

공부는 왜 하는가? 영어공부는 왜 하는가? 영문법 공부는 왜 하는가에 대한 물음이 없이 우리는 자신도 알 수 없는 배움의 세계 속에 빠져들고 있는 것은 아닌지...

지금까지 우리 영어교육 현장에서 영어를 가르치는 사람들에 의해 무시되어 왔거나 무관심의 영역에 있었던 문법 개념들에 대한 제대로 된 이해를 도모하기 위해 마련되었다. 그런 생각들이 영문법의 항목과 연관을 지어보려는 시도를 해 보았다. 영어교육 · 학습과 관련된 수많은 연구에 따르면 우리나라의 영어 학습자들이 가장 어려워하는 부분은 영문법이라고 한다. 영어를 가르치는 사람이나 영어 학습자가 영문법의 개념을 먼저 제대로 이해하고, 영문법 항목의 종류 및 쓰임새를 가르치고 배워야 할 것이다.

영어를 가르치는 사람은 먼저 인간으로서 영어 학습자를 먼저 생각할 수 있어야 한다. 요즘 흔한 말로 수요자 중심 또는 학습자 중심의 영어 교수 · 학습이 이루어지려면 어떻게 해야 할 것인가? 그러니까 우리들의 교수 · 학습의 밑바탕에 휴머니즘(humanism)이 있지 않으면 인간의 삶에 대한 후회는 뒤따르게 마련이다. 사람을 소중하게 생각하고, 영어 학습자가 먼저라는 생각에서 영어교육은 출발해야 한다. 그렇게 된다면 영어교육 현장은 엄청난 변화를 가져올 것이다. 따라서 영어교수 · 학습이 인간을 먼저 생각하는 영어교육이 되어야 하고, 그러기 위해서 영어학습자의 삶에 긍정적인 도움을 주고 영향을 끼칠 수 있도록 해야 한다.

영어교육과 관련된 수많은 논문들이 우리나라 영어교육 현장을 보다 더 나은 방향으로 나아갈 수 있는데 얼마나 기여하는지에 대한 비판적 성찰도 필요할 것이다. 혹시 영어 교육은 정치적인 힘의 논리에 이끌려온 것은 아닌지에 대한 진지한 반성도 필요할 것이라 생각된다.

그리고 우리나라에서는 외국어인 영어를 왜 공부해야 하는가라는 근본적인 물음부터 던지지 않을 수 없다. 영어가 먼저가 아닌 사람이 먼저라는 생각에서 영어 가르침은 시작되어야 한다. 그렇게 하려면 영어의 교수 · 학습의 목표에 대한 비판적 성찰이 먼저 있은 후에 영어를 가르치는 방법과 목적이 많이 달라져야 할 것이다.

지금까지 우리는 여러 가지 문법 항목에 관해 무비판적으로 받아들이고 있는 것들이 알쏭 달쏭하다고 할 수도 있고, 무감각하다고 할 수도 있고, 그냥 문법 항목의 차이점이 어디에 있는지 모를 수도 있다는 생각이 든다. 이 책에서는 우리들에게 어쩌면 무감각하게 지나쳐 버렸거나 지나치고 있는 문법 항목들을 보다 더 심층적으로 들여다보면서 설명을 하고 있다. 그러니까 각 장의 처음에 관련된 문법 항목의 기본 개념을 제시하면서 미묘한 뜻의 차이와 쓰임새의 차이를 나타내는 영문법 항목을 제시하고 있다. 영어를 가르치는 사람이나 영어 학습지가 조금만 더 생각해 보면 궁금하게 생각되는 문법 항목들에 대한 관심과 호기심에서 비롯되었다.

일단 문법 항목은 기본적으로 우리나라의 학습 현장에서 같다고 설명하는 영어 표현들이 사실상 같지 않은 경우를 찾아서 영어 쓰임새의 현장을 보다 더 깊이 들여다 보았다. 그 현장에 들어가 보면 정말 묘한 느낌이 들 것이다. 각 항목과 관련된 내용을 먼저 간단히 제시하고 제시된 항목들에 대한 구체적인 설명을 하고 있다.

차례

들어가면서 3

PART 1 동사 6

1. say와 tell의 차이 8
2. win과 beat의 차이 12
3. wish와 hope의 차이 15
4. refuse와 reject의 차이 20
5. disturb와 interrupt의 차이 22
6. occur와 take place의 차이 24
7. invite sb for와 invite sb to의 차이 27
8. doubt that와 doubt if/whether의 차이 29
9. mind의 쓰임새 33
10. should + 동사원형과 동사원형의 쓰임새 40
11. 전치사를 필요로 할 것 같은데, 전치사가 필요 없는 동사 44

PART 2 준동사 66

1. seeing과 to see의 차이 68
2. damaged와 wounded의 차이 70
3. it's no use/good doing과 there's no point in doing의 차이 72
4. 알몸동사의 쓰임새 75
5. 뜻이 달라지는 to 부정사와 동명사 91

PART 3 도우미동사 108

1. must와 have to의 차이 110
2. be able to와 can의 차이 116
3. will과 be going to의 차이 123
4. had better와 would rather의 차이 129

PART 4 시제 134

1. 현재진행형의 특별한 쓰임새 136
2. 시간이나 조건을 나타내는 절에서의 시제 139

PART 5 명사 150

1. no doubt와 without doubt의 차이 152
2. 셀 수 없는 명사와 셀 수 있는 명사 155

PART 6 대명사 166

1. neither와 none의 차이 168
2. most의 다양한 쓰임새 171
3 관계대명사 that의 색다른 쓰임새 175

PART 7 형용사 184

1. 최상급에서 the를 빼는 경우 186
2. 이성적 판단이나 감정을 나타내는 형용사인 경우 동사원형 쓰기 190

PART 8 부사 198

1. so와 too의 차이 200
2. rather와 quite의 차이 204
3. ever와 always의 차이 207
4. indeed와 certainly의 차이 209
5. above all과 especially의 차이 213

PART 9 전치사 220

1. in과 after의 차이 222
2. except와 besides의 차이 226
3. concerning과 with regard to의 차이 230
4. between과 among의 쓰임새 233

PART 10 조건과 가정 242

1. if와 when의 차이 244
2. if와 whether의 차이 246
3. unless와 if... not의 차이 253
4. even though와 even if의 차이 262
5. 뒤섞인 가정법 264
6. in case와 unless의 쓰임새 266
7. 가정법 현재와 가정법 과거 268

PART 11 기타 274

1. while과 during의 차이 276
2. 미국영어와 영국영어의 차이 280
3. up to date, to date와 so far의 차이 291
4 in spite of와 regardless of의 차이 295
5. that의 다양한 쓰임새 297

찾아보기 316

PART 1

동사

1 say와 tell의 차이

2 win과 beat의 차이

3 wish와 hope의 차이

4 refuse와 reject의 차이

5 disturb와 interrupt의 차이

6 occur와 take place의 차이

7 invite sb for와 invite sb to의 차이

8 doubt that와 doubt if/whether의 차이

9 mind의 쓰임새

10 should +동사원형과 동사원형의 쓰임새

11 전치사를 필요로 할 것 같은데, 전치사가 필요 없는 동사

1 say와 tell의 차이

say와 tell은 '말하다'라는 점에서 같지만, 사람이 말을 할 때에 따라 쓰임새가 다르다. say는 '말하다, …라고 (말)하다'라는 뜻으로, 직접화법과 간접화법에서 쓰인다. 그런데 tell은 '(사람이) (말 · 글로) 알리다, 말하다'라는 뜻으로, 간접화법에서만 쓰인다. 그리고 '…에게 말하다"라는 표현을 하려고 할 때 say는 to라는 전치사와 함께 쓰고, tell 다음에는 목적어가 바로 나온다.

〈say의 경우〉

He said (that) his name was Sam.

(그는 자기 이름이 샘이라고 했다.)

He said he might come tomorrow.

(그가 내일 올지도 모른다고 했다.)

"That was marvellous," said Daniel.

(그건 정말 굉장했어." 다니엘이 말했다.

It is said that she lived to be over 100.

(그녀는 백 살이 넘도록 살았다고 한다.)

He said <u>to</u> us that he was sorry.

(그는 미안하다고 우리에게 말했다.)

I said to myself, "That can't be right!"

(나는 혼잣말을 했다[혼자서 중얼거렸다]. "그게 맞을 리가 없어!"

* say that의 형태로 쓰인다.

  She said that she might be late.

  (그녀는 늦을지도 모른다고 말했다.)

  He said that I was his best friend.

(그는 내가 가장 좋은 친구라고 말했다.)

They say that French is difficult to pronounce.

(프랑스어는 발음하기 어렵다고들 한다.)

* say sth의 형태로 쓰인다.

She said nothing to me about it.

(그녀는 그것에 대해 내게 아무 말도 하지 않았다.)

She finds it hard to say what she feels.

(그녀는 자기 느낌[기분]을 말로 하는 것을 힘들어한다.)

I'll say this for them, they're a very efficient company.

(그들에 대해 제가 이 말씀은 드리겠어요. 그들은 대단히 효율적인 회상예요.)

* 그런데 어떤 특별한 주제에 관해서 이야기하는 경우에는 say about을 쓰지 않고 talk about을 쓴다.

He refuses to talk about politics.

(그는 정치에 관해 이야기하는 것을 거절한다.)

We talked about going on a picnic.

(우리는 소풍가는 것에 관해 의논했다.)

She's always talking about her father's health.

(그녀는 아버지의 건강에 관해 항상 말한다.)

〈tell의 경우〉

Tell me where you live.

(어디 사는지 말해요.)

Did she tell you her name?

(그녀가 당신에게 자기의 이름을 알려주던가요[말해주던가요]?)

He told everybody he saw the news.

(그는 보는[만나는] 사람 모두에게 그 소식을 전했다.)

I kept telling myself (that) everything was OK.

(나는 모든 게 괜찮다고 계속 나 자신에게 말했다[나 자신을 타일렀다].)

Are you telling me you didn't have any help with this?

(지금 당신이 이 일에 대해 아무런 도움도 받지 못했다고 내게 말하는 거예요?(그런 말을 믿을 수 없다는 뜻)

* 그리고 tell sb to do sth의 형태로 쓴다. 이 경우에는 say가 아닌 tell이 쓰인다.

Tell him to come at once.

(그에게 당장 오라고 일러주시오.)

The teacher told them to sit down.

(그 선생님은 그들에게 자리에 앉으라고 명했다.)

I kept telling myself to keep calm.

(나는 침착하라고 계속 나 자신을 타일렀다.)

* tell sb that의 형태로 쓰인다. 이 때 that는 생략할 수 있다.

They've told us (that) they're not coming.

(그들은 오지 않을 거라고 우리에게 말했다.)

The doctor told me that I should eat less fat.

(그 의사가 내게 지방을 덜 먹어야 한다고 말했다.)

The sound of his breathing told her (that) he was asleep.

(그의 숨소리가 그녀에게 그가 잠들었음을 알려 주고 있었다.)

* tell sb sth의 형태로 쓰인다.

Tell me where you live.

(어디 사는지 말해요.)

She told her feelings to me.

(그녀는 내게 마음을 털어놓았다.)

This gauge tells you how much fuel you have left.

(이 계기는 연료가 얼마나 남았는지를 알려[보여]준다.)

* '~에 대해 이야기하다, 말하다'라는 뜻으로 쓰는 경우에는 talk about를 쓰지 tell about는 쓰지 않는다. 단지 tell sb about sth으로는 쓸 수 있다.

What are you talking about?

(넌 무슨 말을[얘길] 하는 거야?)

Did you tell him about the party on Saturday?

(넌 토요일 파티에 관해 말{얘길]했어?)

When they get together, all they talk about is football.

(그들은 함께 만나면 온통 축구 얘기밖에 안 한다.)

2 win과 beat의 차이

win과 beat는 win은 '이기다. (경기 등에서 이겨 무엇을) 따다[타다/차지[쟁취]하다, (특히 노력을 통해 무엇을) 얻다[획득하다]'라는 뜻으로 쓰인다. 그리고 beat는 '(게임 · 시합에서) 이기다, 통제[억제]하다, (너무 어려워) 손들게 만들다[이해할 수 없게 하다], 더 낫다, 능가하다, 피하다, (아주 세게 계속) 때리다[두드리다], (심장이) 고동치다. (북이) 둥둥 울리다, (날개가) 퍼덕이다'라는 뜻으로 다양하게 쓰인다. 이 가운데 '이기다'라는 면에서 쓰임새의 차이가 있다.

win은 게임, 경기, 경주, 경쟁이나 선거 등에서 이기는 경우에 쓰인다. 그런데 beat는 게임, 경기, 경주, 경쟁이나 선거 등에서 사람이나 팀 또는 집단을 이기는 경우에 쓰인다.

〈win이 '이기다'로서 쓰이는 경우〉

Which team won?

(어느 팀이 이겼니?)

She loves to win an argument.

(그녀는 논쟁에서 이기는 것은 좋아한다.)

France won by six goals to two against Denmark.

(프랑스가 덴마크에게 육 대 이로 이겼다.)

Italy's national soccer team has won the World Cup four times.

(이탈리아 축구 대표팀은 월드컵에서 네 번 우승했다.)

She went on for fun, but she ended up winning the competition.

(그녀는 재미로 나갔지만 대회에서 우승하고 말게 되지요.)

〈win이 '이기다'라는 뜻 이외의 다양한 쓰임새의 경우〉

They finally won the peak.

(그들은 드디어 정상에 도달했다.)

Britain won five gold medals.

(영국은 다섯 개의 금메달을 땄다.)

He won $6,000 in the lottery.

(그는 복권에서 육천 달러를 탔다.)

You've won yourself a trip to New York.

(당신이 뉴욕 여행권을 타게 되었어요.)

How many states did the Republicans win?

(공화당이 몇 개 주를 차지했나요?)

They are trying to win support for their proposals.

(그들은 자신들의 제안에 대해 지지를 얻으려고 애쓰고 있다.)

The Conservatives won the seat from Labour in the last election.

(보수당이 지난 번 선거에서 노동당으로부터 그 의석을 쟁취했다.)

She won the admiration of many people in her battle against cancer.

(그녀는 암과의 투쟁으로 많은 사람들로부터 흠로를 받았다.)

The company has won a contract to supply books and materials to schools.

(그 회사가 학교들에 도서와 교재를 공급하는 계약을 획득하게 되었다.)

<beat가 '이기다'로서 쓰이는 경우>

You've beaten me.

(나는 자네에게 졌네.)

He beat me at chess.

(그는 체스에서 나를 이겼다.)

He always beats me at tennis.

(그는 테니스 시합에서 나를 늘 이긴다.)

They beat them all and broke a Guinness world record.

(그들은 모두를 이겼고 세계 기록을 수립했다.)

Their recent wins have proved they're still the ones to beat.

(그들의 최근 우승은 그들이 아직도 이기기 힘든 상대임을 입증했다.)

<beat가 '이기다'라는 뜻 이외의 다양한 쓰임새의 경우>

It beats me why he did it.

(그가 왜 그랬는지 나는 모르겠다.)

Nothing beats home cooking.

(집에서 만든 요리보다 더 나은 것은 없다.)

We heard the drums beating.

([우리 귀에] 북이 둥둥 울리는 소리가 들렸다.)

Somebody was beating at the door.

(누군가가 문을 두드려 대고 있었다.)

She's alive—her heart is still beating.

(그녀가 살아 있어요. 아직 심장이 뛰어요.)

If we go early we should beat the traffic.

(우리가 일찍 가면 교통 혼잡을 피할 것이다.)

Beat the eggs up to a frothy consistency.

(달걀을 휘저어 거품 같은 점성도가 되게 하라.)

The bird was beating its wings frantically.

(그 새가 날개를 마구 퍼덕거리고 있었다.)

The government's main aim is to beat inflation.

(정부의 주된 목적은 인플레이션을 억제하는 것이다.)

3 wish와 hope의 차이

wish는가능성이 낮거나 불가능한 일을 바라며 '…이면 좋겠다'라는 생각을 나타낸다. wish that(+과거/과거완료 시제)는 일어날 수 없거나 일어나지 않을 가능성이 있는 것에 대해 이야기할 때 사용한다.

hope는 '바라다, 희망[기대]하다'라는 뜻이다. hope that(+현재/현재완료 시제)는 쉽게 일어날 수 있는 것에 대해 이야기할 때 사용한다.

〈wish의 경우〉

▶ 주어+wish (that)+주어+과거 시제

I wish I were taller.

(나는 키가 더 컸으면 좋겠다.)

I wish I were a bird.

(내가 새라면 좋으련만.)

I wish you could stay here longer.

(나는 네가 여기에 더 오래 머무를 수 있으면 좋겠어.)

I wish I knew his telephone number.

(내가 그의 전화번호를 알면 좋을 텐데.)

I wish you wouldn't leave your clothes all over the floor.

(나는 네가 옷을 온 바닥에 내버려 두지 않았으면 좋겠어.)

▶ 주어+wish (that)+주어+과거 완료 시제

I wish I hadn't eaten so much.

(내가 그렇게 많이 먹지 않았더라면 좋았을 텐데.)

I wish I hadn't told them my address.

(내가 그들에게 내 주소를 말하지 않았더라면 좋았을 텐데.)

I wish I'd gone to see her in the hospital more often.

(내가 그녀를 문병하러 더 자주 병원에 갔었더라면 좋았을 텐데.)

It was so romantic. I only wish I hadn't gone with my mother!

(정말 로맨틱했어. 내가 우리 엄마랑 같이 가지만 않았더라도 정말 좋았을걸!)

I hear last night's game was pretty exciting. I wish I had watched it.

(내가 듣기로 어젯밤 시합은 꽤 재미있었던 것 같은데 나도 봤으면 좋았을 걸.)

* wish 다음에 that 절이 아니고 목적어가 명사구로도 사용된다.

I wished her goodbye.

(나는 그녀에게 작별 인사를 했다.)

I wish you a merry Christmas.

(저는 당신의 크리스마스를 축하합니다.)

I wished my friend a happy journey.

(나는 내 친구가 즐겁게 여행하기를 빌었다.)

I wish you all the best in the New Year.

(나는 당신에게 새해에는 좋은 일만 가득하길 바래.)

She wished herself a million miles away.

(그녀는 자신이 수백만 마일이나 멀리 떨어져 있었으면 좋겠다고 생각했다.)

* 누군가에게 원하는 것을 말하거나 누군가에게 하고자 원하는 것을 물어볼 때는 would like 또는 want를 사용한다. would like는 특히 격식을 차리지 않는 스타일에 쓰인다. 그런데 wish는 격식을 차리는 스타일에 쓰인다.

I'd like to think it over.

(제가 (그것에 대해) 생각해 보겠습니다.)

I'd like to buy a few postcards.

(저는 우편엽서 몇 장을 사고 싶습니다.)

Would you like to come with us?

(우리와 함께 가시겠어요?)

He wants to meet her.

(그는 그녀를 만나고 싶어한다.)

Do you want some more tea?

(홍차[차] 좀 더 드시겠어요[마시겠니]?)

What do you want to do tomorrow?

(넌 내일 뭐 하고 싶니?)

I wish to be left alone.

(저를 그냥 내버려두십시오.)

I wish to say a few words.

(저가 몇 마디 드리고 싶습니다.)

We wish to apologize for the late arrival of this train.

(우리는 이 기차가 늦게 도착 지연에 대해 사과드립니다.)

〈hope의 경우〉

I hope (that) you are okay.

(네게 아무 일 없기를 바란다.)

I had hoped that he would win.

(나는 그가 이기기를 바랐었는데.)

I hope to have finished it by tomorrow.

(나는 그것을 내일까지 끝냈으면 한다.)

I hope I'll do well in tomorrow's test.

(나는 내일 시험에서 잘 하기를 바란다.)

Let's hope we can find a parking space.

(우리가 주차 장소를 찾을 수 있기를 바라자.)

* hope 다음에 주어가 바뀔 때는 hope+that 절을 쓰고, 주어가 바뀌지 않을 때는 hope+to-v나 hope+that 절을 쓴다.

I hope that you will pass the exam.

(나는 네가 시험에 붙기를 빈다.)

It is hoped that over $30,000 will be raised.

(삼 만 달러 이상이 모금될 것으로 기대된다.)

My mother hoped (that) the rain would stop before noon.

(나의 어머니는 정오까지는 비가 그치기를 바라고 있었다.)

He hoped to win.

(=He hoped that he would win.)

(그는 승리를 믿고 있었다.)

She is hoping to win the gold medal.

(그녀는 금메달 따기를 희망하고 있다.)

A: I hope to see you again.

B: So do I.

(A: 저는 당신을 다시 뵐 수 있기를 바랍니다.

B: 저도 그렇습니다.)

* sincerely hope는 쓰지만 deeply hope는 쓰지 않는다.

I sincerely hope so.

(저는 진심으로 그러길 바랍니다.)

I sincerely hope to get a letter from her soon.

(나는 진심으로 그녀에게서 곧 편지를 받았으면 좋겠다.)

I sincerely hope that this symposium will bear fruitful results.

(저는 이 심포지엄이 알찬 결실을 맺게 되기를 진심으로 희망합니다.)

* 예전에 언급했던 어떤 것이 사실이 아니길 바랄 때는 I hope not를 쓴다.

A: Do you think it will rain?

B: I hope not.

(A: 비가 올 것 같니?

B: 안 올 것 같애.)

A: Do you have to have another medical examination?

B: I hope not.

(A: 너는 다른 종합검진을 받아야 하니?

B: 안 받을 것 같애.)

4 refuse와 reject의 차이

refuse와 reject는 '거부하다, 거절하다'라는 뜻으로 쓰여, 그 쓰임새의 차이점을 알기가 어렵다. refuse는 '(요청 · 부탁 등을) 거절[거부]하다, (제의 · 초대 등을) 거절하다, (남이 원하거나 필요로 하는 것을) 거부하다'라는 뜻으로, 누군가가 상대방으로 하여금 무엇을 하거나 받아들이기를 원하는 경우에 아니라고 말하는 것을 말한다. 또한 누군가가 당신으로 하여금 더 이상 사랑을 받거나 필요하지 않다고 느끼게 만드는 경우 그들은 당신을 reject하는 것이기 때문에 당신은 거부당했다고 느끼게 된다. 그런데 reject는 '(주장 · 생각 · 계획 등을) 거부[거절]하다, (직장 · 직책 등에) 거부하다[불합격시키다], (충분한 보살핌 · 애정으로 돌보지 않고) 거부하다[버리다]'라는 뜻으로, 주장, 요구, 결정, 생각, 신념, 제안, 계획이나 제의 등을 거부하거나 지지하지 않는 것을 말할 때 쓰인다.

〈refuse의 경우〉

Go on, ask her; she can hardly refuse.

(어서, 그녀에게 부탁해 봐. 그녀는 거절하기 힘들 거야.)

He flatly refused to discuss the matter.

(그는 그 문제에 대한 논의를 딱 잘라 거절했다.)

She refused to accept that there was a problem.

(그녀는 문제가 있다는 것을 받아들이기를 거부했다.)

I politely refused their invitation.

(나는 그들의 초대를 정중히 거절했다.)

The job offer was simply too good to refuse.

(그 일자리 제의는 그저 너무 좋아서 거절할 수가 없었다.)

<reject의 경우>

The proposal was firmly rejected.

(그 계획안은 단호히 거부당했다.)

All our suggestions were rejected out of hand.

(우리의 모든 제안은 내놓자마자[제대로 고려되지도 않고] 거절당했다.)

The prime minister rejected any idea of reforming the system.

(수상은 그 제도를 개혁한다는 어떤 생각도 거부했다.)

Please reject the following candidates...

(다음 후보자들은 불합격 처리해 주시기 바랍니다.)

I've been rejected all the universities I applied to.

(나는 지원한 모든 대학들에서 거부당했다[불합격되었다].)

The lioness rejected the smallest cub, which died.

(암사자는 가장 작은 새끼를 거부하여[돌보지 않아서] 그 새끼가 죽었다.)

When her husband left home she felt rejected and useless.

(남편이 집을 떠났을 때 그녀는 버림 받을 쓸모없는 존재라는 기분이 들었다.)

5 disturb와 interrupt의 차이

disturb와 interrupt는 일반적으로 '방해하다'라는 뜻으로 쓰여, 뜻이 비슷하거나 같다고 생각할 수 있다. 그러나 disturb는 '(작업 · 수면 등을) 방해하다, (제자리에 있는 것을) 건드리다[흩뜨리다], 불안하게 만들다'라는 뜻으로, 누군가가 하고 있는 것을 계속하고자 하는 것을 어렵게 만드는 경우(make it difficult for someone to continue what they are doing)에 쓰인다. 그리고 disturb는 보거나 읽는 무언가에 의해 정서적으로 충격을 받는 경우에도 쓰인다. interrupt는 '(말 · 행동을) 방해하다[중단시키다/가로막다]. (무엇을 잠깐) 중단시키다'라는 뜻으로, 누군가가 말을 하거나 어떤 것을 하는 동안에 특히 말을 함으로써 못하게 막는 것(to stop someone while they are speaking or doing something, especially by saying something yourself)을 말한다. 따라서 disturb와 interrupt는 쓰이는 경우가 다르다고 볼 수 있다.

Do not disturb.

(방해하지 마시오.)

＊호텔방이나 사무실 등의 문에 걸어 두는 안내문

Don't disturb the papers on my desk.

(책상 위에 있는 서류는 건드리지 말아요[그대로 둬요].)

The letter shocked and disturbed me.

(그 편지는 내게 충격과 불안감을 주었다.)

It disturbed her to realize that she was alone.

(혼자라는 것을 깨닫게 되자 그녀는 불안했다.)

If you get up early, try not to disturb everyone else.

(일찍 일어나면 다른 모든 사람들에게 방해가 되지 않도록 해라.)

I'm sorry to disturb you, but can I talk to you for a moment?

(방해해서 미안한데 잠깐 얘기 좀 할 수 있을까?)

I hope I'm not interrupting you.

(제가 방해가 안 되면 좋겠군요.)

They were interrupted by a knock at the door.

(그들은 문에서 나는 노크 소리에 대화를 중단했다.)

Sorry to interrupt, but there's someone to see you.

(방해해서 죄송해요. 어떤 분이 찾아왔어요.)

The game was interrupted several times by rain.

(그 경기는 비 때문에 여러 차례 중단되었다.)

We interrupt this program to bring you an important news bulletin.

(프로그램을 잠깐 중단하고 중요한 뉴스 속보를 전해드리겠습니다.)

6 occur와 take place의 차이

occur는 '일어나다, 발생하다'라는 뜻으로, 보통 계획되지 않은 사건들과 관련되어 사용된다. 그런데 take place는 '(특히 미리 준비되거나 계획된 일이) 개최되다[일어나다]'라는 뜻으로, 계획된 사건들과 관련되어 사용된다. occur는 주로 격식을 차리는 글에서 사용되고, happen은 보통 쓰이는 낱말이다.

<occur의 경우>

Something unexpected occurred.
(어떤 예기치 못한 일이 일어났다.)
Typhoons often occur in late summer.
(태풍은 늦여름에 자주 발생한다.)
When exactly did the accident occur?
(그 사건이 정확히 언제 발생했나요?)
Several traffic accidents occurred yesterday.
(어제 몇 건의 교통사고가 발생했다.)
Many of the serious accidents that occur are caused by human error.
(일어나고 있는 많은 심각한 사고들은 인간의 실수로 초래된다.)

* 그런데 occur to sb는 '(아이디어 · 생각이) ~에게 떠오르다[들다]'라는 뜻으로 쓰인다.

It didn't occur to her to ask for help.
(그녀는 도움을 청할 생각은 들지 않았다.)
The idea occurred to him in a dream.
(그 아이디어는 꿈속에서 그에게 떠오른 것이었다.)
It didn't occur to him that his wife was having an affair.

(그는 아내가 바람을 피우고 있다는 생각은 들지 않았다.)

<take place의 경우>

The film festival takes place in October.

(그 영화제는 시 월에 개최된다.)

When will the general meeting take place?

(총회는 언제 개최됩니까?)

We may never discover what took place that night.

(그 날 밤에 무슨 일이 있었는지는 우리가 결코 알아내지 못할지도 모른다.)

The wedding will take place at St. Andrew's church.

(그 결혼식은 성 앤드류 교회에서 개최될 것이다.)

The reaction takes place extremely rapidly within an enclosed space.

(그 반응은 제한된 공간 내에서 극히 신속하게 발생한다.)

그런데 비슷한 뜻을 갖고 있는 happen은 occur와 같은 뜻으로 쓰이기도 하지만, 그 외에 다양한 쓰임새가 있다. 자주 쓰이는 쓰임새는 다음과 같다.

1. '(특히 계획하지 않은 일이) 있다[발생하다/벌어지다]' 뜻의 happen

You'll never guess what's happened.

(무슨 일이 있었는지 넌 결코 짐작도 못 할 거야.)

Accidents like this happen all the time.

(이와 같은 사고는 늘 있다[발생한다].)

The accident happened just outside my house.

2. '(무엇의 결과로) 일어나다[되다]' 뜻의 happen

What happens if nobody comes to the party?

(파티에 아무도 안 오면 어떻게 되지?)

She pressed the button but nothing happened.

(그녀가 그 단추를 눌렀지만 아무런 일도 일어나지 않았다.)

My car broke down last week and it happened again today.

(내 차가 지난주에 고장이 났는데 오늘 또 말썽이다.)

3. '우연히[마침] …하다[이다]' 뜻의 happen

I happened to meet her in the elevator.

(나는 우연히 엘리베이터 안에서 그녀와 마주쳤다.)

You don't happen to know his name, do you?

(너 혹시 그 사람 이름을 아는 건 아니겠지?)

It happened that she was out when we called.

(우리가 전화를 했을 때 그녀는 마침 외출 중이었다.)

7 invite sb for와 invite sb to의 차이

invite sb for 다음에는 음료수나 식사 등(a drink, meal, etc.)이 오고, invite sb to 다음에는 저녁식사/점심, 파티, 결혼식이나 모임 등)(dinner/lunch, a party, a wedding, meeting, etc.) 등이 온다.

<invite sb for의 경우>

I invited her in for a coffee,

(나는 커피 한 잔 마시자고 그녀를 초청했다.)

May I invite you for a drink?

(내가 너한테 한 잔 살까?)

She's invited us for a meal at the club.

(그녀는 식사하기 위해 우리를 클럽에 초청했다.)

After the movie, she invited me back for a drink.

(영화를 보고 난 뒤, 그녀가 한 잔 하자며 나를 자기 집으로 청했다.)

It is best to arrive 15 to 30 minutes later than invited for a large party.

(큰 파티에는 초대받은 시간보다 십오 분에서 삼십 분 정도 늦게 도착하는 것이 가장 좋습니다.)

<invite sb to의 경우>

Have you been invited to their party?

(그들의 파티에 초대받았니?)

We don't have to invite them to dinner.

(우리는 저녁식사에 그들을 초청할 필요가 없다.)

Have you been invited to their wedding?

(그들의 결혼식에 초대받았어요?)

On February 10, Sam invited his friends to his wedding ceremony.

(이 월 삼 일 샘은 그의 결혼식에 친구들을 초대했습니다.)

The President has been invited to an official reception at Buckingham Palace

(그 대통령은 버킹엄 궁전에 있는 공식 환영[축하] 연회에 초대되었다.)

A: I'd like to invite you to my house for dinner.

B: Sounds great. I'll be happy to come.

(A: 우리 집에서 저녁 식사를 대접하고 싶은데.

B: 듣던 중 반가운 얘기군. 기꺼이 갈게.)

* 그런데 invite sb (to/for sth)이나 invite sth (from sb)는 격식을 차려 '(정식으로) 요청하다[청하다]'라는 뜻으로 쓰이기도 한다.

I invited them to the party.

(나는 그들을 정식으로 파티에 초대했다.)

He invited questions from the audience,

(그는 청중들에게 질문을 하라고 청했다.)

She invited him to her 20th birthday party in New Jersey.

(그녀는 뉴저지에서 가질 이십 주년 그녀의 생일 잔치에 그를 초대했다.)

Invite your family members or friends for a Christmas party.

(가족들이나 친구들을 크리스마스 파티에 초대하세요.)

Successful candidates will be invited for interview next week.

(합격한 후보자들은 다음 주에 면접 요청을 받게 된다.)

8 doubt that와 doubt if/whether의 차이

doubt that나 doubt if/whether에서 doubt가 '확신하지 못하다, 의문[의혹]을 갖다, 믿지 않다, 의심하다'라는 뜻이어서 함께 쓸 수 있을 것으로 여겨진다. 그렇지만 쓰임새에 있어서 차이가 있다. 기본적으로 doubt는 '의심, 의혹, 의문'이나 '확신하지 못하다, 의문[의혹]을 갖다, 믿지 않다, 의심하다'라는 뜻이다. doubt가 확실성(certainty)이나 거의 확실성(near certainty)에 가까울 때는 보통 that 절을 쓴다. 이 경우 대개 부정 낱말—not, no, little, not much 등—과 함께 쓰인다. 그런데 무언가가 일어날 것 같지 않다고 생각될 때(think that something is unlikely)는 보통 if/whether가 뒤따라 나온다.

<doubt that의 경우>

I don't doubt that he means well.

(나는 그가 선의(善意)를 품고 있다는 것을 의심하지 않는다.)

I don't doubt that you believe that.

(나는 자네가 그걸 믿을 것이라고 전혀 의심하지 않았어.)

I never doubted that she would come.

(나는 그녀가 오리라는 걸 결코 의심하지 않았다.)

There's a lot of doubt that he's telling the truth.

(그가 진실을 이야기하느냐는 의문의 여지가 많다.)

She knew without a shadow of a doubt that he was lying to her.

(그녀는 그가 자신에게 거짓말을 하고 있음을 추호도 의심할 것 없이 알고 있었다.)

<doubt if/whether의 경우>

I doubt whether/if he is honest.

(그가 정직한지 나는 의심스럽다.)

I doubt whether we can do anything now.

(우리가 무엇을 할 수 있을지 나는 의문이다.)

I doubt if such a thing is of any practical use.

(나는 그런 것이 과연 실질적인 이익이 있을지 의심스럽다.)

I doubt whether/if the new one will be any better.

(새 것이 조금이라도 더 나을지는 의문이다.)

I doubt if I shall use all my five minutes of speaking time.

(내가 내 연설 시간의 오 분 모두를 사용할 것인지 아닌지 확신하지 못한다.)

* (be) in doubt (about sth)은 불확실하다고 느끼는(feel unsure) 것으로 '(~에 관해 [대해]) 의심스럽다[불확실하다]'라는 뜻이다.

The success of the system is not in doubt.

(그 시스템의 성공은 의심할 여지가 없다.)

Is anyone in doubt about what they're supposed to be doing?

(그들이 하기로 되어 있는 것에 관해 의심스러운 사람이 있어요?)

If you're in any doubt about your child's safety, talk to your doctor.

(당신 아이의 안전에 관해 어떤 의심이 들면, 의사에게 말하세요.)

* have (one's) doubts about (doing sth)은 무언가가 사실인지 또는 하는 것이 올바른 것인지 불확실하다고 느끼는(feel unsure whether something is true or the right thing to do) 것으로 '(~에 대해) 의문을 품다'라는 뜻이다.

It may be all right. Personally, I have my doubts.

(그게 맞는지도 모르지. (하지만) 나로서는 의문스러워.)

I've had my doubts about his work since he joined the firm.

(나는 그가 회사에 입사한 이후로 그이 일에 대해 계속 의문을 품어 왔다.)

Any doubts she'd had about marrying him soon disappeared.

(그와 결혼하는 것에 관해 그녀가 가졌던 의심이 곧 사라졌다.)

* There is no doubt that는 말하는 것이 사실이라는 것을 누군가에게 설득하길 원할때 격식을 차리는 글에서 보통 사용되는 것으로 '~에(는) 의심할 여지가 없다'라는 뜻이다. 그리고 좀 더 가벼운 표현인 of course, obviously, clearly, certainly, needless to say나 nothing at all이 훨씬 더 자연스러운 경우에 가끔 사용된다.

There's no doubt <u>at all</u> that we did the right thing.

(우리가 옳은 일을 했음에는 전혀 의심할 여지가 없다.)

There is no doubt that the present government has lost a great deal of support.

(현재의 정부가 많은 지원을 상실한 것은 의심의 여지가 없다.)

There is no doubt that the number of casualties would have escalated had it not been for UN intervention.

(유엔이 개입하지 않았다면 사상자의 숫자가 증가했을 것이라는 점은 의심의 여지가 없다.)

* without doubt는 어떤 것이 사실이라고 확고하게 믿는 것으로(I firmly believe this to be true) '의심할 여지없이'9=beyond doubt)라는 뜻이다. without doubt는 의견이나 판단과 함께 사용한다. 어떤 사실이나 일반적으로 동의가 되는 어떤 것을 언급 할 때(When you mention a fact or something that is generally agreed)는 of course를 쓴다. 그리고 no doubt는 기대하거나 가정하는 것으로(I expect or I suppose) '아마 (...일 것이다)'라는 뜻이다.

She is without doubt one of the kindest women you'll ever meet.

(그녀는 당신이 만나 볼 가장 친절한 여자들 가운데 한 사람인 것은 의심의 여지가 없다.)

* 이 글은 의견이나 판단과 함께 쓰이는 경우이다.

He is without doubt one of the greatest composers the world has ever known.

(그는 세상 사람들이 알고 있는 가장 위대한 작곡가들 가운데 한 사람인 것은 의심의 여지가 없다.)

This meeting has been, without doubt, one of the most useful we have had so far.

(이번 회의는 의심할 여지없이 지금까지 우리가 했던 가장 유익한 회의 가운데 하나이다.)

No doubt you could do with a drink.

(당신은 아마도 한 잔 하면서 할 수 있었을 것이다.)

They will no doubt be writing to us again.

(그들이 아마 우리에게 다시 글을 쓸 것이다.)

No doubt she'll call us when she gets there.

(그녀가 거기에 도착하면 아마 우리에게 전화를 할 것이다.)

9 mind의 쓰임새

mind는 명사로 1) '마음, 정신', 2) '(사물에 대한 판단 능력으로서의) 머리, 정신, 생각, 사고방식'과 3) '신경, 생각, 관심'과 4) '(지성이 뛰어난) 사람, 지성인'의 뜻으로 쓰인다. 그런데 mind가 동사로 첫째, 의문문이나 부정문에서 쓰일 때에는 '언짢아하다, 상관하다, 개의하다'라는 뜻으로 쓰인다. mind가 동사로 둘째, 허락을 구하거나 정중히 부탁을 할 때 쓰인다. mind가 동사로 셋째, 상대방에게 주의를 주거나 경고를 할 때 '조심하다'라는 뜻으로 쓰인다. 특히 동사로 쓰이는 경우에 영어 학습자들이 잘못 이해하거나 쓰는 경우가 많다. 동사로 쓰이는 경우에는 영어 학습자는 더욱더 신경을 써야 된다. 따라서 언짢아하지 않거나, 상관하지 않거나, 개의치 않거나, 꺼려하지 않는 경우에는 부정문의 형태로 답변을 해야 된다.

mind가 명사로 쓰이는 경우는 다음과 같다.

1)의 경우인 '마음, 정신'으로 쓰이는 예

She was in a disturbed state of mind.

(그녀는 불안정한 정신 상태였다.)

There were no doubt in his mind that he'd get the job.

(그는 마음속으로 거기에 취직이 될 것임을 조금도 의심하지 않았다.)

They were all kinds of thoughts running through my mind.

(나는 마음속으로 만감이 교차했다.)

'Drugs' are associated in most people's minds with drug abuse.

('약물'하면 대부분의 사람들 마음속에서는 약물 오용이 연상된다.)

I could not have complete peace of mind before they returned.

(나는 그들이 돌아올 때까지는 완전한 마음의 평화를 얻을 수 없었다.)

2)의 경우인 '(사물에 대한 판단 능력으로서의) 머리, 정신, 생각, 사고방식'으

로 쓰이는 예

His mind is as sharp as ever.

(그의 정신은 그 어느 때나 다름없이 예리하다)

I've no idea how her mind works!

(나는 그녀의 사고방식이 도대체 어떻게 돌아가는지 모르겠어!)

She had a lively and enquiring mind.

(그녀는 사고방식이 활달하고 탐구적이었다.)

I cured my illness through mind over matter.

(나는 자신의 병을 정신력으로 치료했다.)

He had the body of a man and the mind of a child.

(그는 몸은 어른인데 생각은 아이 같았다.)

3)의 경우인 '신경, 생각, 관심'으로 쓰이는 예

Keep your mind on your work!

(네가 하는 일에다가 신경을 써!)

The lecture dragged on and my mind wandered.

(그 강의는 질질 늘어졌고 나는 신경[정신]이 딴 데 가 있었다.)

Her mind is completely occupied by the new baby.

(그녀는 신경이 온통 새로 태어난 아기에게 쏠려 있다[그녀의 마음은 완전히 새로 태어난 아기 생각뿐이다].)

He gave his mind to the arrangements for the next day.

(그는 다음날 행사 준비에 신경[마음]을 쏟았다.)

As for avoiding you, nothing could be further from my mind.

(당신을 피하다니, 난 그런 생각을 해 본 적도 없어요.)

4)의 경우인 '(지성이 뛰어난) 사람, 지성인'으로 쓰이는 예

No two minds think alike.

(사람은 저마다 생각이 다르다.)

She was one of the greatest minds of her generation.

(그녀는 자기 세대의 가장 위대한 지성들 가운데 한 명이었다.)

When it comes to humanities therapy, American social critic and writer Earl Shorris first comes to mind.

(인문 치료학을 얘기할 때 맨 먼저 떠오르는 인물이 미국의 사회비평가이자 작가인 얼쇼리스 씨다.)

IBM decided to host a job fair at my school in the hopes of attracting some of the brightest young minds in the country.

(아비엠은 국가의 몇몇 뛰어난 인재들을 유치할 희망으로 우리 학교에서 취업 박람회를 개최하기로 결정했다.)

Stephen William Hawking is a British mathematician and physicist known worldwide as one of the most brilliant minds living today.

(스티븐 윌리엄 호킹은 현존하는 가장 뛰어난 인물 가운데 한 사람으로서, 세계적으로 유명한 영국의 수학자이자 물리학자이다.)

mind가 동사로 쓰이는 경우는 다음과 같다.

첫째의 경우로 쓰이는 예는 다음과 같다.

I hope you don't mind the noise.

(좀 시끄러워도 언짢아하지 않으시기를 바래요.)

Did she mind about not getting the job?

(그녀가 그 자리에 취직하지 못한 걸 언짢아했나요?)

Do your parents mind you/your leaving home?

(당신 부모님은 당신이 집을 떠나는 것을 서운해 하시나요?)

I didn't mind the cold—it's the rain I don't like.

(전 추운 건 상관없어요. 제가 싫은 비예요.)

둘째 하락을 구하거나 정중히 부탁을 할 때 쓰이는 경우

Do you mind if I open the window?

(창문을 좀 열어도 될까요?)

Do you mind driving? I'm feeling pretty tired.

(당신이 운전 좀 할래요? 난 좀 피곤해요.)

Would you mind not interrupting all the time?

(계속 내 말을 좀 가로 막지 말아 줄래요?)

Are you married, if you don't mind me asking?

(이런 질문 드려도 될지 모르겠는데, 결혼은 하셨나요?)

Would you mind leaving us alone for a few minutes?

(잠시 우리끼리만 있게 자리를 좀 피해 주시겠어요?)

A: Do you mind if I put the television on?

B: No, not in the least.

(A: 제가 텔레비전을 켜면 귀찮으시겠어요?

B: 아니, 전혀요.)

셋째 상대방에게 주의를 주거나 경고를 할 때 쓰이는 경우

Mind that step!

(저 계단 조심해!)

Mind, you'll fall!

(조심해, 넘어질라!)

Mind your head!

(낮은 천장 등에 찧지 않도록) 머리 조심!

Mind your language!

(말 조심해!)

If you don't mind, you'll get hurt.

(당신이 조심하지 않으면 다칩니다.)

이외에 mind는 동사로 '…의 말을 잘 듣다, …에게 복종하다, (지키거나 보살피며) …을 [를] 보다[봐 주다]'라는 뜻으로도 쓰인다.

This dog minds well.

(이 개는 말을 잘 듣는다.)

Mind what the teacher says, Tom.

(톰, 선생님 말씀을 잘 들어라.)

And the moral of the story is; always mind your mother!

(그리고 이 소설이 주는 교훈은 이거야. 항상 엄마 말씀을 잘 들어라!)

Could you mind my bags for a moment?

(잠깐 제 가방들 좀 봐 주시겠어요?)

Who's minding the children this evening?

(오늘 저녁에 애들은 누가 보나요?)

I mind the children at home while my wife goes shopping.

(나는 아내가 쇼핑하러 가면 집에서 아이들을 돌본다.)

* mind가 들어간 글의 물음에 대한 다양한 답변은 다음과 같다.

A: Do you mind if I smoke?

B: No, I don't mind.

A: Do you mind if I left early?

B: No, not at all. Go ahead.

A: Would you mind helping me?

B: No, not at all. I'd be happy to. (Never mind.)

(B: Surely, I am busy.)

A: Would you mind my smoking here?

B: Of course not.

(B: Surely, I have a headache.)

A: Would you mind shutting the door?

B: Not at all.

(B: Yes, I don't like you shutting the door.)

A: Would you mind sitting over there?

B: No, go ahead.

(B: Of course, it's wet.)

A: Would you mind passing me the salt?

B: Surely not.

(B: Surely, it is farther.)

A: Would you mind using your telephone?

B: No.

(B: Yes, it has some troubles.)

A: Would you mind closing the window?

B: Certainly not. (You can close the window.)

(B: Of course, I feel well now.)

A: Would you mind opening the door, please?

B: Surely not. (You may open the door.)

(B: Surely, I catch a cold.)

* mind로 물을 때 이 낱말의 뜻이 '언짢아하다, 상관하다, 개의하다, 꺼려하다'라는 뜻이기 때문에, 언짢아하지 않거나, 상관하지 않거나, 개의치 않거나, 꺼려하지 않는 경우에는 부정문의 형태로 답변을 해야 된다.

10 should+동사원형(알몸동사)과 동사원형(알몸동사)의 쓰임새

영어 글 가운데 명사절에서 should+알몸동사 또는 should를 생략하고 알몸동사를 사용하는 경우에는 다음과 같다. 주절에서 주장, 요구, 명령, 권고, 제안 등(주요<한> 명제<를> 권고<한다>)을 나타내는 동사 뒤의 that 절 안의 동사는 시제나 수에 관계없이 should+알몸동사나 should를 생략하고 알몸동사를 쓴다. 주절의 시제가 현재가 아닌 과거라 할지라도 that 절에서는 should+알몸동사나 should를 생략하고 알몸동사를 쓴다. 이런 동사로는 '주장(insist), 요구(ask, demand, request, require), 명령(order), 제안(propose, suggest), 권고(advise, recommend, urge) 등이 있다. 이런 경우는 주로 글의 내용이 당위성('해야 한다')을 나타내는 경우가 대부분이다. 이런 쓰임은 영국영어 보다 미국영어에서 두드러진 현상이다.

다음 글에 resigns가 아니라 resign로 되는 이유는 무엇일까?.

The taxpayers insist that the governor resign immediately.

(납세자들은 주지사가 당장 사임해야 한다고 요구한다.)

that절 이하의 주어가 the governor로 삼인칭 단수 주어이기 때문에 주어와 동사의 수 일치에 따라 동사가 현재시제인 경우 resigns로 되어야 한다고 생각하나, 당위성(~해야 한다)을 나타내는 '주장, 요구, 명령, 권고, 제안의 동사'들 뒤에 that절이 나올 때 주어와 시제에 상관없이 동사원형을 써야 한다. 그러므로 resigns가 아닌 resign이 되어야 한다.

이와 관련된 예문들은 다음과 같다.

His father asked that he (should) stop smoking.

(그의 아버지는 그가 담배를 끊을 것을 권유했다.)

She asked that she should be kept informed.

(그녀는 자기에게 계속 알려 달라고 요청했다.)

She asked that she be kept informed of developments.

(그녀는 일의 전개 상황을 자신에게 계속 알려 달라고 요청했다.)

I beg that you (should) do the work.

(나의 부탁이니 그 일을 해 주십시오.)

She begged that she be allowed to go.

(그녀는 가도록 허락해 달라고 간청했다.)

We begged that robber release hostages.

(우리는 강도가 인질들을 풀어주기를 부탁했다.)

I commanded that employee (should) do best.

(나는 종업원이 최선을 다하기를 명령했다.)

Boss commanded that they obey his order.

(대장이 그들이 자신의 명령을 따라야한다고 지시했다.)

The general commanded that the troops withdraw.

(장군은 부대에 후퇴 명령을 내렸다.)

I demanded that he (should) return the book.

(나는 그가 책을 돌려주기를 요구했다.)

He demanded that she apologize me.

(그는 그녀가 나에게 사과할 것을 요구했다.)

The analyst demands that she follow the policy.

(분석가는 그녀가 정책에 따르기를 요구한다.)

I insisted that we (should) do it at once.

(나는 우리가 그것을 즉시 해야 한다고 주장했다.)

He insisted that she attend the party.

(그는 그녀에게 파티에 참석할 것을 고집했다.)

We insisted that the application be reviewed.

(우리는 신청서가 재검토되어야 한다고 주장했다.)

He ordered that I (should) go there.

(그는 내게 거기에 가도록 명령했다.

I ordered that he attend the meeting.

(나는 그가 회의에 참여할 것을 명령했다.)

The commander orders that the enemy be shot to death.

(그 지휘관은 적은 사살되어야 한다고 명령한다.)

She proposed that the book (should) be banned.

(그녀는 그 책을 금지할 것을 제의했다.)

I propose that we gather in front of the building at 7:30 a.m.

(우리가 오전 일곱 시 반에 건물 앞에서 모이자고 나는 제안한다.)

It was proposed that the president be elected for a period of two years.

(회장을 이 년 임기로 선출하자는 제안이 있었다.)

I recommend that you visit the museum.

(나는 네가 박물관을 방문해보길 추천한다.)

Jane recommended that I start swimming for my health.

(제인은 나의 건강을 위해서 수영을 할 것을 추천했다.)

The committee recommends that the matter be discussed at the next meeting.

(그 위원회는 그 문제는 다음 회의 때 의논해야 된다고 제안한다.)

He requested that we apologize to him.

(그는 우리가 그에게 사과해야 한다고 요청했다.)

The accountant requests that the tax form be submitted by this Friday.

(회계사는 세금 신고서를 이번 주 금요일까지 제출되어야한다고 요청한다.)

The accounting manager requested that all budget reports be submitted by Friday.

(경리부장은 모든 예산 보고서가 금요일까지 제출되어야 한다고 요청했다.)

He required that boss (should) raise his salary.

(그는 사장이 그의 월급을 인상하길 요구했다.)

He required that she submit the report.

(그는 그녀에게 보고서를 제출할 것을 요청했다.)

Managers require that monthly progress reports be turned in on time.

(매니저들은 월별 진척 상황에 대한 보고서를 제 때 제출할 것을 요구한다.)

She suggested that he (shold) stop smoking.

(그녀는 그에게 담배를 그만둘 것을 제안했다.)

The detective suggested that he tell the truth.

(탐정은 그에게 사실을 말할 것을 제안했다.)

My family doctor suggests that I should take a walk every day.

(내 주치의는 내가 매일 매일 걸어야만 한다고 제안한다.)

* 그런데 반드시 that 절 앞에 동사만 오는 경우만 해당되지 않고, 명사가 오더라도 동사와 같은 뜻의 당위성을 나타내는 경우에는 이와 같은 규칙이 똑같이 적용된다.

I gave order that it (should) be done.

(나는 그것이 끝나야 된다고 명령했다.)

My advice is that he accept the tems of his contract.

(내 충고는 그가 계약서의 조항들을 수락해야 한다는 것이다.)

The police issued an order that all weapons be handed in immediately.

(경찰은 모든 무기들은 즉각 건네져야 된다고 명령했다.)

⇒ *이런 경우는 이성적 판단이나 감정을 나타내는 형용사인 경우 동사원형 쓰기에도 마찬 가지로 적용된다.* (형용사 PART 7 Unit 2 참조)

11 전치사를 필요로 할 것 같은데, 전치사가 필요 없는 동사

영어 동사 가운데 의미상으로 우리말로 옮길 때 전치사가 있어야 될 것 같은데 필요 없는 동사들이 있다. 이에 해당되는 동사로는 다음과 같다. approach, ask, attend, call, come, contact, discuss, divorce, enter, face, feed, join, marry, obey, phone, reach, suit, water와 win 등이 있다. 여기에서는 영어에서 자주 사용되는 것들의 일부 예만을 들고 있다. 사용할 때 혼란을 가져오지 않으려면 동사와 그 다음에 나오는 것을 함께 소리를 내어 익혀두는 것이 가장 오랫동안 기억할 수 있는 한 가지 방법이 될 것이다.

1. affect

affect는 '~에 영향을 미치다, ~에 효과를 미치다, 작용하다, 마음에 영향을 미치다; …을 감동시키다'라는 뜻으로 쓰인다. 여기에 '~에' 때문에 전치사 to나 on이 함께 쓰일 것 같은데 이 전치사가 없이 동사만으로 쓰인다.

Acid affects metals.

(산은 금속을 부식한다.)

The brandy affected him.

(그는 브랜디로 거나해졌다.)

I was deeply affected by the film.

(나는 그 영화에 깊이 감명을 받았다.)

The divorce affected every aspect of her life.

(이혼은 그녀의 모든 생활에 영향을 미쳤다.)

The tears of women always affect me deeply.

(나는 여자의 눈물에 약하다.)

affect와 같은 뜻으로 쓰이는 have an effect on은 '~에 영향을 미치다'라는 뜻으로 전치사 on이 쓰인다.

Smoking has an effect on your health.

(흡연은 당신의 건강에 영향을 끼친다.)

The problem has also had an effect on the automobile industry.

(그 문제는 또한 자동차 산업에 영향을 끼친다.)

Modern farming methods can have an adverse effect on the environment.

(현대 농경법은 환경에 안 좋은 영향을 미칠 수 있다.)

The change in distance between the moon and the Earth has an effect on the tides.l

(달과 지구 거리의 변화는 조수에 영향을 준다.)

This is a potential problem that could possibly have an effect on the future of our company.

(이것은 우리 회사의 장래를 좌우할 잠재적인 문제다.)

2. approach

approach는 '(~에/로) 다가가다[오다], 접촉하다, (다가 가서) 말을 하다, (양·수준 등이) 육박하다[근접하다]'라는 뜻으로 주로 쓰인다. 여기에서 '~에/로' 때문에 전치사 to와 함께 쓰일 것 같은데 이 전치사가 없이 동사만으로 쓰인다.

She approached the bank for a loan.

(그녀는 은행에 가서 융자 얘기를 해봤다.)

A strange boat was approaching the shore.

(어떤 이상한 보트가 해안[해변]에 다가오고 있었다.)

Few writers approach his richness of language.

(그의 언어적 풍요로움에 근접하는 작가는 거의 없다.)

Three people approached me, asking for money.

(세 명의 사람이 나에게 다가와 돈을 요구했다.)

As you approach the town, you'll see the college on the left.

(그 소도시로 가까이 가다 보면 그 대학이 왼편으로 보일 거예요.)

3. ask

ask는 '(~에게) 묻다, 물어보다, (~에게) 부탁하다[요청하다]'라는 뜻으로 주로 쓰인다. 이 경우 '~에게' 때문에 전치사 to가 쓰일 것 같은데, 실제로는 쓰이지 않는다.

He asked a policeman the way.

(그는 경찰관에게 길을 물어보았다.)

They asked him several questions.

(그들은 그에게 몇 가지 질문을 했다.)

I had to ask the teacher what to do next.

(나는 선생님께 다음엔 뭘 해야 하냐고 여쭤 보아야 했다.)

I asked him if why he hadn't put on the brake.

(나는 그에게 왜 브레이크를 걸지 않았는지 물어보았다.)

The interviewer asked me about my future plans.

(면접관이 나의 장래 계획에 대해 물었다.)

4. attend

attend는 '(~에) 참석하다, (~에) 다니다'라는 뜻이다. 여기에서 문제는 '~에...'인데, 여기에 해당되는 전치사 to나 at가 없이 바로 동사만을 사용한다. attend는 주로 회의, 수업, 교회나 학교 등에 쓰인다.

Our children attend the same school.

(우리 아이들은 같은 학교에 다닌다.)

I won't be able to attend the meeting.

(저는 그 회의에 참석할 수 없을 것 같습니다.)

Thousands of people attended the funeral.

(수많은 사람들이 그 장례식에 참석했다.)

It's very important to attend all the classes.

(모든 수업에 참석하는 것이 아주 중요하다.)

How many people attend church every Sunday?

(일요일마다 교회에 다니는 사람이 얼마나 될까?)

* 그런데 attend to~라는 구동사(phrasal verb)는 '~을[를] 처리하다[돌보다]'라는 뜻이다.

Is anyone attending to you?

([점원이 손님에게] 도와드릴까요?)

I have some urgent business to attend to.

(제가 급히 처리해야 할 일이 있어요.)

I have a few other things to attend to first.

(제가 먼저 처리할 다른 몇 가지가 있습니다.)

My assistant will attend to all your travel arrangements.

(내 조수가 당신의 모든 여행 준비를 돌보아줄 것입니다.)

The doctors try to attend to the worst injured soldiers first.

(그 의사들은 가장 심하게 다친 부상병들을 우선적으로 돌보려고 한다.)

5. call

call은 일반적으로 '~에게 전화를 걸다'라는 뜻이다. 이런 경우에는 to라는 전치사를 함께 사용할 것 같은데 to가 없이 사용된다.

I'll call you a taxi.

(택시를 불러 줄 게.)

I called Sue yesterday.

(어제 나는 수에게 전화를 걸었다.)

For more information call 0800 521 382.

(더 많은 정보를 얻고 싶으면 공팔공공 오이일 삼팔이로 전화하세요.)

I called the office to tell them I'd be late.

(나는 사무실에 전화를 걸어 늦을 거라고 했다.)

My brother called me from Spain last night.

(어젯 밤 우리 오빠[형/남동생]가 스페인에서 나에게 전화를 했어.)

6. come

come이 '집으로 온다'라는 뜻으로 쓰는 경우에는 전치사가 없이 쓰인다.

Bush comes home.

(부시가 집으로 온다.)

My son is coming home soon.

(우리 아들이 곧 집에 와요.)

What time are you coming home?

(넌 몇 시에 집에 올 거니?)

Won't you come home, Bill Bailey?

(빌 베일레이야 집에 오지 않을 거니?)

* 집으로 오는 경우만 해당 되는 것이 아니라 집으로 가는 경우에도 마찬가지로 적용된다.

Are you going home for Christmas?

(크리스마스 때 고향 가세요?)

Gene had to go home and feed the dog.

(진은 집에 가서 개에게 먹이를 주어야 했다.)

I need to go home and try and get some sleep.

(나는 집에 가서 잠을 좀 자야겠어요.)

그런데 come이 '(~쪽으로) 오다[움직이다], (어떤 위치 · 장소에) 오다[닿다]'라는 뜻으로 쓰이는 경우에는 to나 into라는 전치사를 함께 사용한다.

He came to my party.

(그는 파티에 왔다.)

She comes to work by bus.

(그녀는 버스를 타고 직장에 온다[출근한다].)

Are you coming to the dance tomorrow?

(내일 댄스 파티에 오시겠습니까?)

Two police officers came into the hall.

(두 명의 경찰관이 현관으로 들어왔다.)

He came to a door that led into a passageway.

(그가 복도로 이어진 문으로 들어왔다.)

He usually came into the room and shut the door.

(그가 방으로 들어와 문을 닫았다.)

7. contact

contact가 '(~에게)(전화 · 편지 등으로) 연락하다'라는 뜻으로 쓰이는 경우에는 전치사 없이 바로 연락하는 대상이 나온다. 그러니까 '~와 연락하다, 연락을 취하다'라는 뜻으로 쓰이기 때문에 '~와...' 때문에 마치 with라는 전치사를 함께 사용해야 될 것 같은데, 사실은 그렇지 않다.

I've been trying to contact you all day.

(하루 종일 나는 네게 연락하려고 하는 중이야.)

You can always contact me on my home number.

(당신은 내 집 전화번호로 나에게 항상 연락할 수 있습니다.)

Contact the Tourist Information Bureau for further details.

(더 상세한 내용이 필요하시면 관광 안내국에 연락하세요.)

Unless we have an address or phone number, we can't contact them.

(우리에게 주소나 전화번호가 없으면, 우리는 그들에게 연락을 할 수 없다.)

If you would car to leave your name, we'll contact you as soon as possible.

(성함을 남겨 주시면 가능한 한 빨리 연락드리겠습니다.)

* 여기서 contact이 '(전화 · 편지 등으로) 연락하다'라는 뜻으로 쓰이는 영어로는 reach가 있다.

Do you know where I can reach him?

(그에게 어디로 연락하면 되는지 아세요?)

If I see her, I'll tell her you've been trying to reach her.

(만약 내가 그녀를 보면, 당신이 그녀에게 연락하려 한다는 것을 그녀에게 말할게요.)

Has the doctor told you how to reach him or her in emergencies?

(의사 선생님이 당신에게 비상시에 그나 그녀에게 연락하는 방법을 말해 주던가요?)

* 같은 뜻으로 get/be/keep in touch with를 쓸 수 있다. get in touch with는 '(~와 편지 · 전화로) 연락하고 지내다[연락하다]'라는 뜻이다.

Let's keep in touch.

([우리] 연락하고 지내요.)

Use the Internet to keep in touch with the latest sports news.

(최근 스포츠 뉴스를 보려면 인터넷을 사용하세요.)

Many people use these websites to keep in touch with their friends.

(많은 사람들은 친구들과 연락하기 위해 이런 웹사이트들을 사용한다.)

I'll get in touch with solicitors about this.

(이 것에 관해 사무 변호사에게 연락을 취할 것입니다.)

I'm trying to get in touch with Jane. Do you have her number?

(내가 제인에게 여락을 해 보려고 하는 중이야. 그녀 전화 번호 가지고 있니?)

Mrs. Lewis phoned and would like you to get in touch with her.

We will be in touch with you shortly.

(우리가 곧 연락드리겠습니다.)

Are you still in touch with your friends from college?

(당신은 대학 때 친구들과 아직 연락하고 지내세요?)

(그 단체는 내일 그에게 연락을 취할 것입니다.)

8. discuss

discuss는 '(무엇에 대해 말이나 글로) 논하다, 상의[의논/논의]하다'라는 뜻으로 쓰인다. 이 경우 '~에 대해' 때문에 전치사 about이나 on과 함께 사용될 것 같은 기분이 들지만, 실제는 전치사 없이 사용된다.

We briefly discussed buying a second car.

(우리는 차를 한 대 더 사는 것에 대해 잠깐 의논했다.)

I'd like to discuss my homework with you.

(나는 너와 내 숙제에 대해 상의하고 싶다.)

Have you discussed the problem with anyone?

(그 문제를 누구와 상의해 봤어요?)

I'm not prepared to discuss this on the phone.

(전 이 문제를 전화로 논의할 생각 없어요.)

I tried to discuss it with her but only succeeded in making her angry.

(나는 그녀와 그것을 의논해 보려 했지만 그녀를 화나게 만들었을 뿐이었다.)

9. divorce

divorce는 '(~와) 이혼하다'라는 뜻으로 쓰인다. 이 경우 '~와' 때문에 전치사 with와 함께 사용될 것 같은 기분이 들지만, 실제는 전치사가 없이 사용된다.

She's divorcing her husband.

(그녀는 남편과 이혼 수속 중이다.)

She still refuses to divorce him.

(그녀는 여전히 그와 이혼하는 것을 거절한다.)

For some reason, she didn't want to divorce him.

(무슨 까닭인지는 모르지만 그녀는 그와 이혼하고 싶어하지 않았다.)

I am absolutely furious that he divorced me to marry her.

(그녀와 결혼하기 위해 그가 나와 이혼했다는 것에 대해 극도로 화가 난다.)

She's afraid of what her husband might do if she tries to divorce him.

(만약 그녀가 그와 이혼하려고 한다면 그녀의 남편이 무슨 짓을 할지에 대해 걱정한다.)

10. enter

enter는 방이나 건물 또는 나라 '~로[으로, 에] 들어가다[오다]'(=go into)라는 뜻으 로 쓰인다. 이 경우 '~로[으로, 에]...' 때문에 into와 같은 전치사가 함께 사용될 것 같은 기분이 들지만, 실제는 전치사가 없이 사용된다.

Where did the bullet enter the body?

(총알이 몸 어디로 들어갔죠?)

Someone entered the room behind me.

(내 뒤를 따라 누군가가 방으로 들어왔다.)

When the bride entered the church, everyone stood up.

(신부가 교회에 들어갈 때 모든 사람들은 일어섰다.)

It never entered my head that she would tell him about me.

(그녀가 그에게 내 얘기를 할 거라는 생각을 난 해 본 적이 없었다.)

Whenever a teacher entered the room, the children had to stand up.

(선생님이 방에 들어오실 때마다 아이들은 일어서야 했다.)

11. face

face는 '(상황에) 직면하다'라는 뜻으로 쓰인다. 이 경우 '~와'나 '~에' 때문에 with나 to와 함께 사용될 것 같은 기분이 들지만, 실제는 전치사가 없이 사용된다.

The company is facing a financial crisis.

(그 회사는 재정 위기에 직면해 있다.)

We now face a totally different situation.

(우리는 오늘날 전적으로 다른 상황에 직면해 있다.)

If found guilty, he faces life imprisonment.

(만약 유죄 판결을 받으면 그는 종신형에 직면한다.)

It appears the government is willing to face the unknown risks.

(정부는 알려지지 않은 위험에 기꺼이 직면하고 있는 것 같다.)

As a result of the drought, the people will face food shortages.

(가뭄의 결과로 사람들은 식량 부족에 직면할 것이다.)

* 그런데 face가 수동태로 쓰이는 경우에는 with가 쓰인다.

She's faced with a difficult decision.

(그녀는 어려운 결정에 봉착해 있다.)

As teachers we are now faced with a dilemma.

(교사로서 우리는 딜레마에 직면해 있다.)

The researcher is faced with the problem of primary materials that have little or no documentation.

(그 연구자는 거의 또는 전혀 문서 상 기록이 없는 주요 재료들의 문제에 직면한다.)

* 그리고 face가 '(힘든 사실을) 직시하다[받아들이다]'의 뜻으로도 쓰인다.

Let's face it—we're not going to win.

(상황을 직시하자. 우리는 이기지 못할 것이다.)

It's not always easy to face the truth.

(진실을 받아들이는 것이 항상 쉬운 일은 아니다.)

She had to face the fact that her life had changed forever.

(그녀는 자기 삶이 영원히 바뀌어 버렸다는 것을 인정해야 했다.)

12. feed

feed는 '(~에게) 밥[우유]를 먹이다. 먹이를[음식을] 주다'라는 뜻으로 쓰인다. 이경우 '~에게' 때문에 to와 함께 사용될 것 같은 기분이 들지만, 실제는 전치사가 없이 사용된다.

Have you fed the cat yet?

(고양이 밥 벌써 줬니?)

The baby can't feed itself yet.

(젖먹이는 아직 혼자 밥을 먹지 못한다.)

There's enough here to feed an army.

(여기는 군대도 능히 다 먹일 수 있는 양이 있다.)

I fed her milk, but she didn't want to drink it.

(내가 우유를 먹였지만 딸애는 그 우유를 먹고 싶어하지 않았어.)

A: Did you feed the baby?

B: I'm going to feed right now.

(A: 아기 우유 먹였니?

B: 지금 먹이려고 그래요.)

13. join

join은 '~에 가입[입회/입사/가담하다'나 '(행위 등을[에])함께 하다[합류하다]'라는 뜻으로 쓰인다. 이 경우 '~와' 또는 '~에게' 때문에 전치사 with나 to가 사용될 것 같은 기분이 들지만, 실제는 전치사가 없이 사용된다.

Do you mind if I join you?

(저도 합류해도 될까요?)

I've joined an aerobics class.

(나는 에어로빅 강습반에 등록했다.)

She joined the company three months ago.

(그녀는 석 달 전에 그 회사에 입사했다.)

Over 200 members of staff joined the strike.

(200명이 넘는 직원들이 그 파업에 합류했다.)

Members of the public joined the search for the missing boy.

(일반 사람들이 실종된 그 소년을 수색하는 일을 함께 했다.)

14. marry

marry는 '(~와) 결혼하다'라는 뜻으로 쓰인다. 이 경우 '~와' 때문에 전치사 with가 사용될 것 같은 기분이 들지만, 실제는 전치사가 없이 사용된다.

He married a German.

(그는 독일 사람과 결혼했다.)

She wants to marry him.

(그녀는 그와 결혼하길 원한다.)

He's going to ask her to marry him.

(그는 그녀에게 그와 결혼해 달라고 요청할 것이다.)

He converted to Catholicism so he could marry her.

(그는 가톨릭으로 개종하여 그녀와 결혼할 수 있었다.)

The day I married Sarah was the happiest day of my life.

9내가 사라와 결혼한 날이 내 인생에 있어서 가장 행복한 날이었다.)

15. obey

obey sb/sth는 '(명령 · 법(~에) 따르다[지키다], 순종[복종]하다'라는 뜻으로 쓰인다. 이 경우 '~에' 때문에 전치사 to가 사용될 것 같은 기분이 들지만, 실제는 전치사가 없이 사용된다.

Most people obey the law.

(대부분의 사람들은 법을 지킨다.)

I expect my students to obey me.

(나는 내가 가르치는 학생들이 나에게 순종하기를 기대한다.)

Children should be taught to obey the law.

(어린이들은 법을 지키는 것을 배워야 한다.)

He had always obeyed his parents without question.

(그는 부모님께 항상 이의 없이 순종했었다.)

He was a good boy and obeyed his parents all the time.

(그는 착한 소년이어서 부모님에게 항상 복종한다.)

16. phone

phone/telephone/ring/call+a person/place/number는 '(~에) 전화를 걸다[하다]'라는 뜻이다. 이 경우 '~에' 때문에 전치사 새가 사용될 것 같은 기분이 들지만, 실제는 전치사가 없이 사용된다. 그런데 미국 사람은 ring을 사용하지 않는다.

Don't forget to phone London.

(잊지 말고 런던에 전화해.)

Phone me if you have any questions.

(당신이 물을 게 있으면 나한테 전화해.)

For reservations, phone 0171 281 3964.

(예약은[예약을 하시려면] 0171 281 3964번으로 전화 주세요.)

Phone them up and find out when they are coming.

(그들에게 전화해서 언제 올 건지 알아 봐.)

He phoned home, but there was no reply.

(그가 집에 전화를 했지만 아무도 받지 않았다[받는 사람이 없었다].)

17. reach

reach는 '~에 이르다[닿다/도달하다], (특히 전화로) 연락하다. (특정 수준 · 속도 등에) 이르다[달하다]'라는 뜻으로 쓰인다. 이 경우 '~에...' 때문에 전치사가 함께 사용될 것 같은 기분이 들지만, 실제는 전치사가 없이 사용된다.

I hope this letter reaches you.

(이 편지가 당신에게 가 닿기[전달되기]를 바랍니다.)

Do you know where I can reach him?

(그에게 어디로 연락하면 되는지 아세요?)

They didn't reach the border until after dark.

(그들은 어두워진 후에야 국경에 이르렀다.)

The conflict didn't reach the border until after dark.

(그들은 어두워진 후에야 국경에 이르렀다.)

The conflict has now reached a new level of intensity.

(그 갈등이 이제는 전에 볼 수 없던 정도로 격렬한 상태에 이르렀다.)

18. suit

suit는 '(~에게) 맞다/괜찮다/편리하다'라는 뜻과 '(특히 옷 · 색상 등이) 어울리다' 라는 뜻으로 쓰인다. 이 경우 '~에게' 때문에 전치사 to가 함께 사용될 것 같은 기분이 들지만, 실제는 전치사가 없이 사용된다.

If we met at 6, would that suit you?

(우리가 여섯 시에 만나면 당신은 괜찮으시겠어요?)

I don't think this coat really suits me.

(이 외투가 나한테 진짜 어울리는 것 같지가 않다.)

It suits me to start work at a later time.

(더 늦게 일을 시작해도 전 괜찮아요.)

Blue suits you. You should wear it more often.

(푸른 색이 네게 어울려. 그 색을 더 자주 입어야겠어.)

Choose a computer to suit your particular needs.

(당신의 특정한 필요에 맞는 컴퓨터를 선택하라.)

19. water

water는 '(화초 등에) 물을 주다'라는 뜻으로 쓰이는 경우에는 전치사 없이 바로 대상이 나온다. 그러니까 '~에...' 때문에 마치 to라는 전치사를 함께 사용해야 될 것 같은데, 사실은 그렇지 않다.

We forgot to water the plants.

(우리가 화초에 물주는 걸 깜빡했거든요.)

He went out to water the plants.

(그는 화초들에 물을 주기 위해 밖으로 나갔다.)

Don't forget to water the flowers.

(그 꽃들에 물 주는 것을 잊지 말아라.)

Could you water my plants while I'm gone?

(내가 간 사이에 내 식물들에 물 좀 주시겠어요?)

20. win

win은 '~에서 이기다'라는 뜻으로 쓰이는 경우에는 전치사 없이 바로 대상이 나온다. 그러니까 '~에서 이기다'라는 뜻으로 해석하기 때문에 전치사를 함께 사용해야 될 것 같은데, 사실은 그렇지 않다. 주로 '(선거, 게임이나 전쟁 등에서) 이기다'라는 경우에 많이 사용된다.

Who won the race?

(그 경주에서는 누구 이겼나요?)

She loves to win an argument.

(그녀는 논쟁에서 이기는 것을 아주 좋아한다.)

France won by six goals to two against Denmark.

(프랑스가 덴마크에게 육 대 이로 이겼다.)

The Dodgers really need to win this game.

(다저스 팀은 이 게임에서 정말로 이길 필요가 있다.)

He does not have any realistic chance of winning the election.

(그는 그 선거에서 이길 실현 가능한 어떤 기회도 갖고 있지 않다.)

익힘문제 1

* 다음 글에서 틀린 부분이 있으면 고쳐 쓰세요.

1. She won me at chess.

2. She suggested that I see a doctor.

3. I doubt that she is telling the truth.

4. He begged that he be allowed to go.

5. I wish I'll do well in tomorrow's test.

6. We have never won the American team.

7. I wish that they will stop killing each other.

8. We hope you all had a very merry Christmas.

9. I wish to stay until the end of July but I can't.

10. He was tired of people saying him what to do.

11. Would you mind to explain that again, please?

12. He insisted that the new system is reinstalled.

13. The thief demanded that I gave him all my money.

14. You'll have to face to the problem sooner or later.

15. The concert will occur at eight o'clock next Tuesday.

16. The noise of the traffic interrupts the local residents.

17. We became friends and he invited me for his wedding.

18. He told that he hadn't eaten anything for over a week.

19. I'm sorry to disturb but there's an urgent phone call for you.

20. The program is about computers and their affect on our lives.

21. I refuse the idea that men and women are psychologically different.

22. He refused their lifestyle and decided to seek a simpler alternative.

23. Another reason for getting married is without doubt to have children.

24. Whenever I doubt about the meaning of a word, I look in my dictionary.

25. John said that he was trying to get to London. "That's where I'm going," told the man.

ANSWERS

1. won→beat, 2. saw→see, 3. that→whether, 4. is→be 또는 should be, 5. wish→hope, 6. won→beaten, 7. will→would, 8. had→have, 9. I wish→ I'd like, 10. saying→telling, to explain→explaining, 12.is→be 또는 should be, 13. gave→give 또는 should give, 14. face to→face, 15. occur→take place, 16. interrupts→disturbs, 17. for→to, 18. He told that→He told them that 또는 He said that, 19. disturb→interrupt, 20. affect→effect, 21. refuse→reject, 22. refused→rejected, 23. is without doubt→of course is, 24. I doubt about→I am in doubt about, 25. told→said

익힘문제 2

* 다음 글에서 틀린 부분이 있으면 고쳐 쓰세요.

1. I forgot to say goodbye.

2. Who won the FA Cup last year?

3. I've invited in a party on Friday.

4. Do you mind that I open the window?

5. Do you think this colour suits to me?

6. Some people are annoyed by these films.

7. She insisted that everything is done over.

8. The article tells about the history of Rome.

9. I commanded that the reply is faxed at once.

10. Without doubt you're tired after your journey.

11. Would you mind not interrupting not all the time?

12. They're a good side but I'm sure we can win them.

13. I deeply hope that there will never be another war.

14. In our next class we're going to say about pollution.

15. It's terrible to feel refused by someone you care for.

16. I hope that you would think seriously about this matter.

17. Could you tell me if I should water these plants every day?

18. That is why we still doubt about beings existing in outer space.

19. I think we're interrupting Martin. Let's go and talk in your office.

20. These violent incidents frequently take place without any warning.

21. When she reached to the top of the stairs her heart was pounding.

22. The belief that a woman's place is in the home has been widely refused.

23. The recovery of the Mary Rose is, no doubt, a great scientific achievement.

24. She requests that we would apologize to him for the mistake for us to make.

25. Tornadoes take place when a warm weather front meets a body of very cold air.

ANSWERS

1. tell→say, 2. beat→won, 3. in→to, 4. that→if, 5. suits to→suits, 6. annoyed→disturbed, 7. is→be 또는 should be, 8. tells about→is about, 9. is→be 또는 should be, 10. Without doubt→No doubt, 11. interrupting not→not interrupting, 12. win→beat, 13. deeply→sincerely, 14. say about→talk about, 15. refused→rejected, 16. would→will, 17. water to→water, 18. still doubt about→still have doubts about, 19. interrupting→disturbing, 20. take place→occur, 21. reach to→reach, 22. refused→rejected, 23. no doubt→without doubt, 24. would→should, 25. take place→occur

PART 2

준동사

1 seeing과 to see의 차이

2 damaged와 wounded의 차이

3 it's no use/good doing과
there's no point in doing의 차이

4 알몸동사의 쓰임새

5 뜻이 달라지는 to 부정사와 동명사

1 seeing과 to see의 차이

see는 '(눈으로) 보다, (보고) 있다, 목격하다, 앞으로 보다[볼 수 있다]'라는 뜻의 감각동사이다. 그래서 보통 동사 see는 진행형으로 쓰이지 않는다. 그런데 진행형으로 쓸 때는 뜻이 달라진다.

1) see의 경우

She will never see again.

(그녀는 다시는 앞을 볼 수 없을 것이다.)

I hate to see you unhappy.

(난 네가 불행해 하는 것을 보기 싫어.)

Can I see you for a moment?

(재가 당신을 잠깐 볼 수 있을까요?)

It was getting dark and I couldn't see to read.

(날이 어두워지고 있어서 앞이 보이지 않아 글을 읽을 수가 없었다.)

On a clear day you can see for miles from here.

(맑은 날에는 여기서 몇 마일 앞을 볼 수도 있다.)

그런데 see와 watch는 약간 뜻의 차이가 있다. see는 정신집중을 하지 않거나 주의를 기울이지 않고 그냥 눈으로 어떤 것을 알아차리는 것이다. 그런데 watch는 누군가나 무엇인가를 주의를 기울여서 오랫 동안 지켜보는 것이다. 그러니까 see는 '(눈으로) 보다, (보고) 알다, 목격하다'라고 할 수 있고, watch는 '(시간과 관심을 기울이며) 보다, 지켜보다, 주시하다'라고 할 수 있다.

Watch what I do, then you try.

(내가 하는 걸 잘 보고 그 다음에 네가 해 봐.)

He watched the house for signs of activity.

(그는 그 집에서 무슨 움직임이 있는지[사람의 흔적이 보이는지] 지켜보았다.)

We watched to see what would happen next.

(우리는 다음에 무슨 일이 있을 지 주시했다.)

We watched as they carted the prisoners away.

(우리는 죄수들이 끌려가는 것을 지켜보고 있었다.)

After dinner we usually sit down and watch the news.

(저녁 식사 후 우리는 보통 앉아서 뉴스를 본다.)

2) seeing의 경우

그런데 see가 흔히 진행형으로 쓰이는 경우가 있다. 이 경우는 '(애인으로) 만나다'(=meet)라는 뜻으로 쓰인다.

I'll be seeing him soon.

(내가 그를 곧 만날 것이다.)

Are you seeing anyone?

(자네 누구 만나는[사귀는] 사람 있나?)

Are you seeing her tomorrow?

(당신은 내일 그녀와 만납니까?)

They've been seeing a lot of each other recently.

(그들은 최근에 서로 많이 만나고 있다.)

Can you tell me about the girl you're seeing these days?

(요즘 네가 만나는 여자에 대해 말해줄래?)

2 damaged와 wounded의 차이

damage는 '손상을 주다, 피해를 입히다, 훼손하다'와 '(무엇에 물리적인 해를 가하거나, 그것이 덜 매력적이게·유용하게 · 가치 있게 되도록) 해를 끼치다, (사람 · 사물의 수명, 건강, 행복, 성공 가능성을) 해치다'라는 뜻이다. 그러니까 damage는 사물이나 신체의 일부분과 관련성이 있는 경우에 사용한다.

그리고 hurt는 '(신체 부위가) 아프다, 다치게[아프게]하다, 아프다, 마음을 아프게 [감정을 상하게] 하다'라는 뜻이다. 그러니까 hurt는 사람들이 상처를 입거나 사고나 지진이나 허리케인 등에서 다치는 경우에 사용된다.

emotionally damaged children(정서적으로 손상을 입은 아이들)

The fire badly damaged the town hall.

(그 화재로 시청 건물이 심하게 훼손되었다.)

Smoking seriously damages your health.

(흡연은 건강에 심각한 손상을 입힌다.)

Several vehicles were damaged in the crash.

(그 충돌 사고로 차량 몇 대가 피해를 입었다.)

The allegations are likely to damage his political career.

(그 혐의로 그의 정치 경력이 손상을 입을 것 같다.)

My luggage was seriously[very much] damaged in transit.

(내 짐은 운송 중에 몹시 망가졌다.)

Did you hurt yourself?

(다쳤니?)

Stop it. You're hurting me.

(그만해. 아프단 말야.)

My back is hurting me today.

(오늘은 내 허리가 정말 아파요.)

It hurts when I bend my knee.

(저는 무릎을 구부리면 아파요.)

He hurt his back playing squash.

(그는 스쿼시를 하다가 허리를 다쳤다.)

그런데 총이나 칼과 같은 무기에 의해 부상을 입는 사람인 경우에는 wound를 쓴다. wound는 '(특히 칼 · 총과 같은 흉기로) 상처[부상]을 입히다. 마음에 상처를 입히다, 감정을 상하게 하다'라는 뜻이다. 그리고 wounded는 '부상을 입은[다친], (마음을) 상한 [다친]'이란 뜻이고, wounding은 '마음을 상하게 하는'이란 뜻이다.

wounded pride(상한 자존심), the wounded(부상자(들))

He was badly wounded in the war.

(그는 전쟁에서 중상을 입었다.)

She had been wounded in the arm.

(그녀는 팔에 부상을 당했었다.)

He found her remarks deeply wounding.

(그는 그녀의 말에 마음이 몹시 상했다.)

There were 79 killed and 230 wounded.

(칠십구 명이 사망하고 이백삼십 명이 부상을 입었다.)

She felt deeply wounded by his cruel remarks.

(그녀는 그의 잔인한 말에 마음의 상처를 입었다.)

3 it's no use/good doing과 there's no point in doing의 차이

it's no use/good doing sth와 there's no use doing sth은 "(~해 봐야) (전혀) 소용없다' 라는 뜻으로 겉으로 보기에는 뜻이 같은 것처럼 보여 같은 쓰임새처럼 보인다. it's no use/good doing sth은 '(~해 봐야) (전혀) 소용없다'(=it is pointless)라는 뜻으로, 어떤 특별한 행위가 필요나 어려움을 취급하는데 도움을 줄 수 없을 것을 뜻하는 때 (when you mean that a particular action will not help to deal with a need or difficulty) 이 표현을 쓴다. 그런데 there's no point in doing sth은 어떤 것이 쓸모가 있는 목적을 갖고 있지 않은 것을 뜻할 때(when you mean something has no useful purpose) 쓴다.

<it's no use/good doing sth의 경우>

It's no use complaining.

(불평해 봐야 전혀 소용없어.)

It's no use crying over spilt milk.

(엎질러진 우유 앞에서 울어봐야 소용없다.)

It is no use his trying to deceive me.

(그가 나를 속이려고 해도 아무 소용없다.)

It's no good complaining—they never listen.

(불평해 봐야 소용없어. 그들은 듣는 법이 없으니까.)

It's no good having a car if you can't drive.

(자네가 운전할 수 없으면 차를 가진다는 것이 소용없어.)

* what's the use (of doing sth)?은 '(~해 봐야) 무슨 소용이 있나?'라는 뜻이다.

What's the use of worrying about it?

(그것에 대해 걱정해 봐야 무슨 소용 있겠나?)

What's the use of looking nice, when no one sees me?

(아무도 보아주지 않는다면, 예쁘게 보인들 무슨 소용이 있겠니?)

What's the good of earning all that money if you don't have time to enjoy it?

(즐길 시간이 없으면 그 돈을 다 벌어 봐야 무슨 소용이 있어요?)

〈there's no point in doing sth의 경우〉

There's no point in getting angry.

(화를 내 봐야 아무 의미 없다.)

* 여기서 point는 '(의도하는) 의미, (특별한) 목표, 목적(purpose), 의향; […의] 효용, 이익'이란 뜻이다.

There's no point in getting upset about it.

(그것 때문에 속상해 할 것 없어.)

There is no point brooding on what happened in the past.

(과거에 일어난 일을 가지고 고민해봐야 아무 의미 없다.)

There's no point in having a dictionary if you never use it.

(자네가 그 사전을 결코 사용하지 않으면 그것을 갖고 있다는 것이 아무 의미가 없어.)

There's no point in going on Sunday—all the shops will be shut.

(일요일에 가봤자 헛수고다. 모든 가게들이 문을 닫을 테니까.)

* what's the point of (doing sth)은 '(~해 봐야) 무슨 의미가 있나?'라는 뜻이다.

What's the point of all this violence?

(이 모든 폭력이 무슨 의미가 있는가?)

What's the point of making a fuss over New Year's resolutions?

(새해의 다짐에 대해 소란을 피우는 것이 무슨 의미가 있을까?)

What's the point of having an air conditioner if we never use it?

(우리가 에어컨을 쓰지도 않을 거면서 가지고 있어봐야 무슨 소용이 있나?)

* 이와 비슷한 뜻으로 쓰이는 것으로 there's no use (in) doing sth('~하는 것이 소용없다')이 있다.

There is no use repenting later.

(나중에 후회해 봤자 소용없는 일이다.)

There's no use (in) making such a thing.

(그런 것을 만들어 봤댔자 아무 소용없다.)

There is no use in crying over spilt milk.

(이미 엎질러진 물인데 울어 봐야 소용없잖아.)

4 알몸동사의 쓰임새

영어에서 알몸동사는 to 부정사에서 to가 빠져 있는 부정사이다. 이런 부정사를 "알몸 부정사'(bare infinitive) 또는 '동사의 기본형'(the basic form of verb)라고 하는데, 개념을 보다 더 쉽게 이해할 수 있도록 '알몸동사'라고 부르고자 한다. 영어에서 알몸동사가 쓰이는 경우에는 다음과 같다.

1) 일반적인 to 부정사와 알몸동사

(1) 일반적인 to 부정사

to 부정사는 동사의 성격을 갖고 있으면서, 주동사(main verb) 자리를 차지하지 못하고 비켜나 있는 것이다. 부정사는 인칭(일인칭, 이인칭, 삼인칭), 수(단수와 복수) 및 시제(열두 가지 시제)에 영향을 받지 않는다.

(2) 알몸동사

알몸동사(동사의 기본형)는 to+부정사에서 to가 빠져 있는 것으로, 알몸부정사 (bare infinitive)라 할 수 있는데, 기억하기 좋고 연상이 쉽도록 알몸동사라고 일컫는다. 알몸동사가 쓰이는 경우는 다음과 같다.

알몸동사는 ① 기본적으로 동사를 도와주는 도우미동사 다음, ② 시키는 글(명령문)에서, ③ 시키거나 허락하는 동사(사역동사)<make, have, let, help>, ④ 우리의 감각기관으로 느끼는 동사(지각동사)<watch, see, hear, listen to, feel, notice>, ⑤ 습관적(관용적)인 쓰임의 예로 had better('d better)나 would rather 등 다음 ⑥ 당위성을 나타내는 명령, 주장, 요구와 제안 등의 동사<command, request, suggest 등> 다음, ⑦ 당위성을 나타내는 형용사<critical, necessary, imperative 등> 다음, ⑧ All로 시작되는 글과 ⑨ Why~ ?나 Why not~ ?로 시작되는 생략형 의문문 다음, ⑩ make, hear, let 등 한정된 동사와 결합해서 일종의 숙어처럼 쓰이는 경우, ⑪ 입말(구어체; 口語體)에서 쓰이는 경우와 ⑫ go나 make 등 한정된 동사와 결합해서 쓰이는 경우와 ⑬ but과 except 다음에 쓰인다.

① 도우미동사 다음에 쓰이는 경우

도우미 동사(조동사) 다음: 도우미 동사에는 can(could), may(might), must, need, shall(should), will(would), have to(have got to) 등이 있다.

We may go to the movies tomorrow.

(우리가 내일 영화 보러 갈지도 모른다.)

Dinner will be ready in a few minutes.

(곧 저녁 식사가 다 될 것입니다.)

When they are adults, they will have to do chores for their own families.

(그들이 어른일 때, 그들은 자기 가족을 위해서 집안 일을 해야 할 것이다.)

② 명령문에서 쓰이는 경우

Come this way.

(이쪽으로 오십시오.)

Do it slowly and carefully.

(그거 천천히 (그리고) 조심해서 해.)

Open your books at page 55.

(여러분 책 오십오 쪽을 펴세요.)

Watch what I do, then you try.

(내가 하는 걸 잘 보고 그 다음에 네가 해 봐.)

Do sing along if you know the words.

(가사를 아시면 노래를 함께 하세요.)

③ 시키는 동사(have와 make), 허락하는 동사(let)와 도와주는 동사(help)가 앞에 나오는 경우

일반적으로 시키는 동사인 사역동사라고 하지만, 곰곰이 따져 보면 쓰이는 상황이 다르다고 볼 수 있다. 여기서 시키는 동사로는 make와 have가 해당될 수 있다. 그러니까 make와 have는 또 다른 사람에게 무엇을 하도록 부추기는 동사라고 보면 된다. 그런데 let는 허용이나 허락하는 경우에 쓰이고, help는 도와주는 뜻으로 쓰이기 때문에 사실상 사역동사(使役動詞)라고 부르는 것은 옳지 않다. 아무튼 이 네 가지 동사 다음에 목적어가 오고 그 다음의 동사는 알몸동사를 사용하는 것이 일반적이다.

* have는 종종 우리가 관계를 맺고 있거나 고용하고 있는 사람에게 사용되고, make는 물리적이든 심리적이든 간에 힘이나 압력을 사용하는 것을 제시한다. 그리고 get은 설득하는 것을 제시해준다.

They made me repeat the whole story.

(그들은 내게 그 이야기 전체를 반복하게 만들었다.)

I must have him help me with my homework.

(나는 그에게 내 숙제를 거들어 달라고 해야겠다.)

* 또 다른 사람이나 물건을 무엇을 하도록 부추기는 동사에는 make, have 이외에 get이 있다. 그런데 get 동사 다음에는 to+동사원형의 모양을 한다.

You'll never get him to understand.

([당신이] 그 사람을 결코 이해시킬 수 없을 것이다.)

I couldn't get the car to start this morning.

(나는 오늘 아침에 차에 시동을 걸 수가 없었다.)

She got her brother to help her with her homework.

(그녀는 오빠를 설득하여 숙제를 도와주게 했다.)

▶ make 동사: '(~로 하여금 …을[를] 하게) 만들다[하다]' 또는 '(억지로 무엇을 하게) 만들다[시키다]'라는 뜻으로 쓰인다.

The heat made him feel faint.

(더위 때문에 그는 현기증이 났다.)

* 여기서 동사(made)는 시키는 뜻을 가진 동사이고, 목적어(him)로 하여금 알몸동사(feel)하게 만든다. 그러니까 him이 feel하게 시키는 주체가 The heat라는 것을 알 수 있다.

What has made you come here?

(넌 여긴 왜 왔니?

The judge made him apologize for his wrong doings.

(판사는 그가 범했던 불법 행위를 사죄하도록 했다.)

▶ have 동사: '(누구에게 무엇을 하도록) 하다[시키다]'라는 뜻이다.

Have him come here at five.

(다섯 시에 그를 여기로 오게 하시오.)

I'll have you know I'm a black belt in Judo.

(내가 당신에게 분명히 말하는데 난 유도 유단자야.)

I must have him help me with my homework.

(그에게 내 숙제를 거들어 달라고 해야겠다.)

* 이 경우 have 동사 다음 대상과 그 다음 나오는 알몸동사와의 관계는 능동의 관계로 쓰인다. 그렇지만 have 동사 다음 대상과 그 다음 나오는 알몸동사와의 관계가 수동의 관계인 경우에는 알몸동사가 쓰이지

않고 대상 다음에 나오는 동사는 과거분사(past participle)가 된다.

I had my watch stolen.

(나는 시계를 도둑맞았다.)

I had the house painted.

(나는 집에 페인트칠을 시켰다.)

He had his homework all done.

(그는 숙제를 모두 마쳤다.)

He had his hair cut really short.

(그는 머리를 정말 짧게 깎았다.).

She had his only son killed in the war.

(그녀는 하나밖에 없는 아들을 전쟁에서 잃었다.)

▶ let 동사: '(…하게) 놓아두다, (…을 하도록) 허락[허용]하다'라는 뜻으로 쓰인다.

Let your body relax.

(몸의 긴장을 풀어라.)

Don't let her upset you.

(그녀 때문에 속 썩이지 마.)

Let them splash around in the pool for a while.

(그들이 한동안 수영장에서 첨벙거리며 놀게 놔둬.)

▶ help 동사: '돕다, 거들다, ~에게 힘을 빌리다'라는 뜻이다.

This charity aims to help people help themselves.

(이 자선단체는 사람들이 자립을 할 수 있도록 돕는 것을 목표로 한다.)

* help 동사인 경우 다음에 나오는 동사가 알몸동사를 사용하거나 to를 넣어서 사용할 수 있다.

I helped him (to) find his things.

(나는 그가 물건을 찾는 데 거들었다.)

I helped my mother wash the dishes.

(나는 어머니가 설거지하시는 것을 거들었다.)

This book helped me to see the truth.

(이 책은 사실을 아는 데 도움이 되었다.)

* help 다음에 목적어가 나오고 알몸동사나 to 부정사를 사용할 수 있지만, 가끔 help 다음에 바로 알몸동사를 사용할 수 있다. help를 제외한 세 가지 동사 (make, have, let)에 비해 시키는 정도가 너무 약하기 때문에 두 가지 다 사용하는 것이 아닌가라는 생각이 든다.

She helped (to) organize the party.

(그녀는 파티 준비를 도왔다.)

This should help (to) reduce the pain.

(이것이 통증 완화에 도움이 될 겁니다.)

Foreign tourists can help revitalize our economy.

(외국 관광객들은 우리의 경제에 새로운 활기를 불어넣는데 도움을 줄 수 있다.)

④ 감각적으로 느끼는 동사(지각동사) 다음에 쓰이는 경우

감각으로 느끼는 동사—보고 듣고, 냄새 맡고, 맛보고, 만질 수 있는 동사—에서 알몸동사를 사용하는 경우는 전체 행동이나 행동이 막 끝난 경우에 보거나 듣는것을 나타내는 경우에 쓰인다. 감각으로 느끼는 동사에는 feel, hear, listen to, notice, see와 watch가 있다.

▶ feel: feel은 '(촉감으로) 느끼다'라는 뜻이다.

I feel my heart beat violently.

(내 심장이 몹시 뛰는 것을 나는 느낀다.)

I felt someone grasp my hand.

(나는 누군가가 내 손을 꼭 잡는 것을 느꼈다.)

Ann felt him brush against her and turned to face him.

(앤은 그가 그녀를 스쳐지나가는 것을 느껴서 그를 마주보기 위해 몸을 돌렸다.)

▶ hear: hear는 '(들려오는 소리를) 듣다, (귀에) 들리다, (주의를 귀울여) 듣다' 라는 뜻이다.

I heard the bell ring.

(나는 벨이 울리는 것을 들었다.)

Did you hear him go out?

(그가 나가는 소리를 넌 들었니?)

She felt his arms enclose her.

(그녀는 그가 두 팔로 자신을 감싸는 것이 느껴졌다.)

▶ listen to: listen to는 '(귀 기울여) 듣다, 귀 기울이다'라는 뜻이다.

Watch and listen to him perform.

(그가 공연하는 것을 보고 들어라.)

I like to listen to birds sing in the trees.

(나는 새들이 나무에서 지저귀는 소리를 듣는 것을 좋아한다.)

He memorized everything in the script while listening to other people read it.

(그는 다른 사람들이 읽어주는 것을 듣고 대본의 모든 것을 암기했다.)

▶ notice: notice는 '~을 의식하다[(보거나 듣고) 알다]'라는 뜻이다.

I noticed them come in.

(나는 그들이 들어오는 것을 알았다.)

I noticed her look quickly at him.

(나는 그녀가 재빨리 나를 쳐다보는 것을 알았다.)

We noticed a car stop outside the house.

(우리는 자동차가 집 바깥에 멈추는 것을 알았다.)

▶ see: see는 '(눈으로) 보다, (보고) 알다, 목격하다'라는 뜻이다.

I saw you put the key in your pocket.

(네가 그 열쇠를 네 호주머니에 넣는 것을 내가 봤어.)

They saw him leave the house.

(그들은 그가 집을 떠나는 것을 보았다.)

I saw someone enter the bathroom.

(나는 누군가가 화장실로 들어가는 것을 보았다.)

▶ watch: watch는 '(시간과 관심을 기울이며) 보다, 지켜보다, 주시하다' 라는 뜻이다.

I watched the boys play hockey.

(나는 소년들이 하키를 하는 것을 보았다.)

Jill watched the children build sandcastles.

(질은 아이들이 모래성을 쌓는 것을 지켜보았다.)

They watched the bus disappear into the distance.

(그들은 버스가 멀리 사라져 가는 것을 지켜보았다.)

* 진행형으로 쓰이는 경우: 일정한 기간의 시간 동안 행동의 일부분이

나 행위가 계속되는 것을 보거나 들을 때는 목적어+진행형을 사용한다.

I didn't notice him leaving.

(나는 그가 떠나는 것을 알지 못했다.)

Can you smell something burning?

(당신은 무엇인가 타고 있는 냄새를 맡을 수 있습니까?)

They saw the thief running away.

(그들은 도둑이 도망가고 있는 걸 보았다.)

They heard voices calling for help.

He felt a hand touching his shoulder.

(그는 누가 손으로 그의 어깨를 만지는 것을 느꼈다.)

She watched the kids playing in the yard.

(그녀는 아이들이 마당에서 노는 것을 지켜보았다.)

⑤ 습관적으로 쓰이는 경우

had better('d better), would rather, cannot help but~와 cannot/could not but~ 다음과 한정된 동사와 일종의 숙어처럼 쓰이는 경우에 알몸동사를 쓴다.

▶ had better('d better)의 경우

had better('d better)는 '(~하는 것이) 좋을 것이다(꼭 그래야함을 뜻함)' 라는 뜻이다.

You'd better go to the doctor about your cough.

(너 그 기침 때문에 병원에 가 보는 게 좋을 거야.)

You'd better run if you're going to get your ticket.

(자네가 표를 구하려면 뛰는 게 좋을 거야.)

You'd better listen carefully. I won't repeat it again.

(넌 주의를 기울여 듣는 게 좋을 거야. 나는 그것을 또 다시 반복하지 않을 거니까.)

▶ would rather('d rather)~ (than)…의 경우

would rather('d rather)~ (than)는 '…하기 보다는 차라리 ~하겠다[하고 싶다]'라는 뜻으로 선택을 하는 경우에 쓰인다. 보통 than을 없애고 쓴다.

I'd rather stay home than go shopping.

(내가 쇼핑하느니 집에 머무르는 것이 나을 것 같다.)

I would rather stay at home than go out in the rain.

(비가 오는데 나가는 것 보다는 차라리 집에 있는 게 낫겠다.)

I think that she would rather want to eat chicken than eat fish.

(내 생각에 그녀는 생선보다 닭고기를 먹고 싶어 하는 것 같다.)

▶ cannot help but~의 경우

cannot help but~는 '~하지 않을[~을 어쩔] 수 없다'(=cannot help ~ing)라는 뜻으로 쓰이는 but 다음에 알몸동사가 놓인다.

I can't help but say.

(나도 어쩔 수 없지만, 할 말이 있어.)

We can't help but sympathize with her.

(우리는 그녀를 동정하지 않을 수 없다.)

I can't help but hesitate before deciding anything.

(나는 무슨 결정이든 망설이지 않을 수가 없네.)

▶ cannot/could not but…의 경우

cannot/could not but…는 (격식) '…밖에 할 수 없다[없었다]'라는 뜻으로 쓰이는 but 다음에 알몸동사가 놓인다.

I cannot but agree with that.

(나는 그것에 동의할 수밖에 없다.)

I cannot but admire his honesty.

(나는 그의 진실함에 감탄하지 않을 수 없다.)

We cannot but sympathize with her.

(우리는 그녀를 동정하지 않을 수 없다.)

⑥ 명령, 주장, 요구와 제안 등의 동사와 같은 당위성을 나타내는 경우

주장, 명령, 권고, 주장, 요구와 제안 등의 동사 다음 that 절에서 알몸동사가 온다. 당위성(~해야 한다)을 나타내는 '주장, 요구, 명령, 권고와 제안의 동사'들 뒤에 that절(명사절)이 올 때 주어와 시제에 상관없이 should+알몸동사(동사의 기본형)나 알몸동사만을 써야 한다. 이런 동사에는 advise, ask, command, demand, desire, insist, propose, recommend, request, require, suggest와 urge 등이 있다.

He demanded that she apologize me.

(그는 그녀가 나에게 사과할 것을 요구했다.)

I propose that we gather in front of the building at 7:30 a.m.

(우리가 오전 일곱 시 반에 건물 앞에서 모이자고 나는 제안한다.)

The committee recommends that the matter be discussed at the next meeting.

(위원회는 그 문제는 다음 회의 때 의논해야 된다고 제안한다.)

⑦ 당위성을 나타내면서 이성적인 판단의 형용사의 경우

이성적인 판단의 형용사 다음 that 절에서 알몸동사(동사의 기본형)가 온다. 이성적 판단의 형용사를 사용하는 경우, 전달하고자 하는 내용은 당위성을 나타 내므로 that절 안의 동사는 시제나 수에 관계없이 알몸동사를 쓰거나 should 알몸동사를 써야 한다. 이때 형용사의 뜻은

'…하는 것이 필수적이다, 중요하다, 필요하다'라는 뜻인데, 이런 형용사에는 advisable, best, critical, desirable, essential, imperative, important, necessary, urgent와 vital 등이 있다.

It is necessary that he (should) go there.

(그는 거기에 갈 필요가 있다.)

It was urgent that she talk it over with him.

(그녀는 그와 그것에 대해서 의논하는 일이 다급한 문제였다.)

It is desirable that you get there by tomorrow.

(자네가 내일까지 거기에 닿는 것이 바람직하다.)

⑧ All로 시작되는 글에서 부정사가 보어로 쓰이는 경우

all로서 시작되는 글에서 알몸동사를 쓴다. 여기서 all의 뜻은 '[~한]오직 한 가지 전부]'라는 뜻이다. 여기서 all은 '어떤 것이 중요한 오직 한 가지'라는 것을 강조할 때 절 앞에서 쓰인다.

All you have to do is wait for her.

(너는 그녀를 기다리기만 하면 돼.)

All we can do now is wait and hope.

(지금 우리가 할 수 있는 일은 희망을 갖고 기다리는 것뿐이다.)

All you need to do is complete this form.

(당신이 해야 할 것이라곤 이 양식을 작성하는 것뿐이다.)

* 이와 비슷한 구문이 주어가 된 예로는 다음과 같다.

What Anne did this morning was (to) study.

(앤이 오늘 아침에 한 일은 공부(하는 것이)였다.)

The one thing I wouldn't want to do is obey him.

(내가 하고 싶지 않은 단 한 가지는 그에게 복종하는 것이다.)

The first thing/What you've got to do is clear this room of all furniture.

(네가 먼저 해야 할 일/네가 해야 할 일은 모든 가구가 있는 이 방을 말끔히 치우는 일이다.)

⑨ Why~ ?나 Why not~ ?로 시작되는 생략형 의문문의 경우

Why~ ?는 '왜, 무엇 때문에'라는 뜻으로 어떤 일이 불필요함을 나타내거나 어떤 행동을 막으려는 의도를 나타낸다. 그런데 Why not~ ?은 '(제안[제의]을 나타내어) …하는 게 어때[…하지 그래]?, (동의를 나타내어) 왜 아니겠어[거 좋지]?'라는 뜻으로 쓰인다.

Why not write to her?

(그녀에게 편지를 써보지 그러니?)

Why get upset just because you got one bad grade?

(왜 단지 점수 하나 안 좋게 받았다고 화를 내고 그래?)

Why not visit London during the summer vacation, if possible?

(가능하다면 여름 방학 동안 런던을 방문해 보지 않겠는가?)

⑩ hear, let와 make 등 한정된 동사와 결합해서 일종의 숙어처럼 쓰이는 경우

Let go! You're hurting me!

(이 손) 놔! 아프단 말야!)

Now I can't get his fucking hand to let go!

(문제는 내 손을 대체 놔주지 않는 다는 거예요.)

Let go of a dream that no longer matters. Let go of the past.

(더 이상 중요하지 않은 꿈은 놓아 버려라. 과거는 잊어 버려라.)

* let go는 '(손으로 잡고 있던 것을) 놓다, '(사람이) 자제심을 잃다, 방종하다, (…에서) 손을 떼다, (…을[를]) 잊어버리다, 저버리다, (…을) 기

탄 없이 표명하다, (비명을) 지르다'라는 뜻이다.

He made believe not to hear me.

(그는 내 말이 안 들리는 체 했다.)

Let's make believe that we are cowboys.

(카우보이 놀이를 하자.)

* make believe는 '(…인) 체[척]하다, …처럼 보이게 하다(=pretend)'라는 뜻이다.

I hear say that there will be an election soon.

(곧 선거가 있으리라는 소문이다.)

* hear say는 '이야기[소문]로 듣다'라는 뜻이다.

I've often heard tell of the wonderful parties she gives, but I've never been invited.

(나는 그녀가 연다는 호화스런 파타에 관해서 자주 들어서 알고 있지만, 나 자신은 한 번도 초대를 받은 적이 없다.)

* hear tell (of)는 '이야기로 듣다, 소문을 듣다'라는 뜻이다.

We were in a hurry so we had to make do with a quick snack.

(우리는 급해서 재빨리 간단한 식사를 하는 것으로 만족해야 했다.)

* make do는 '(만족스럽지는 않지만 …으로) 견디다[만족하다]' (=manage)라는 뜻이다.

⑪ 입말(구어체; 口語體)에서 쓰이는 경우

구어영어에서는 목적을 나타내거나 누구에게 무엇을 하라고 말할 때 come 뒤에 to 부정사 대신에 'and+다른 동사'를 쓸 수 있다.

Come and see us soon!

(곧 우리를 만나러 와요!)

The clouds come and go.

(구름이 나타났다가는 사라진다.)

When did she last come and see you?

(그녀가 당신을 마지막으로 만나러 온 게 언제였죠?)

* 그런데 미국영어에서는 and가 가끔 생략되기도 한다.

Come see me.

(나를 만나러 오너라.)

Come have your dinner.

(와서 저녁 먹어.)

Please come (and) dine with me.

(식사하러 오십시오.)

Go tell him yourself.

(네가 직접 가서 그에게 말해라.)

Why don't you go see the Christmas tree with your family?

(당신 가족과 함께 크리스마스트리를 보러 가는 것은 어때요?)

⑫ but과 except 다음에 쓰이는 경우

I could do nothing but watch.

(나는 지켜보는 수밖에는 방도가 없었다.)

* 여기서 but은 '이외에, …을 빼고[제외하고]'(=except)라는 뜻이다.

What could he do but forgive her?

(그가 그녀를 용서할 수밖에 달리 어쨌겠어?)

I could not but smile to hear him talk in that way.

(그가 그렇게 이야기하는 것을 듣고서 나는 웃지 않을 수 없었다.)

* 여기서 can/could not but은 '…밖에 할 수 없다/없었다'라는 뜻이다

⑬ do (anything/nothing/what you like 등) + except 다음에 쓰이는 경우

(하루 종일 그는 생각만 했다.)

He did nothing except eat and drink.

(그는 먹고 마시기만 했다.)

All day he did nothing but contemplate.

You do nothing but fuck around when you come to work.

(자네는 어째 일하러 와서는 아무것도 안 하고 빈둥대기만 하니.

There was nothing I could do except sit and wait.

(앉아서 기다리는 수밖에 다른 방법이 없었다.)

I believe there is nothing your doctor can do except tell you to take a rest.

(당신의 의사가 휴식을 취하라고 당신에게 말하는 것 외에는 의사가 할 수 있는 것이 아무것도 없다고 믿는이다.

I will do anything except (to) resign.

(사직하는 것만 아니라면 나는 무슨 일이라도 하겠다.)

Therefore, we cannot do anything except warn them not to sell such products.

(그렇기 때문에 이런 제품을 판매하지 말라고 경고하는 것 외에는 할 수 있는 것이 없다.)

5 뜻이 달라지는 to 부정사와 동명사

주동사(main verb)의 성격에 따라 목적어로 주동사 다음에 to 부정사만 또는 동명사만, 또는 to 부정사와 동명사 모두 올 수 있는 세 가지 경우가 있다. 이 가운데 to 부정사와 동명사 모두 올 수 있는 경우는 뜻의 차이가 없는 경우도 있고, 뜻의 차이가 나는 경우가 있다. 여기서는 뜻의 차이가 나는 경우를 설명하고자 한다.

begin, continue, hate, like, love, prefer와 start 등의 동사는 to 부정사를 목적어로 취하든 동명사를 목적어로 취하든 뜻의 차이가 별로 없다. 그렇지만 몇몇 동사들 다음에 오는 목적어를 to 부정사와 동명사로 취할 경우 뜻이 달라지는 것들이 있다. 이런 동사에는 deserve, forget, go on, learn/teach, mean, need, regret, remember, stop과 try가 있다.

1) deserve와 관련된 것:

deserve to 부정사는 '~할 자격이 있다, ~을[를] 받을 만하다, ~을[를] (당)해야 마땅하다'라는 능동의 뜻으로 쓰인다. deserve 동명사는 '~될 자격이 있다'라는 수동의 뜻으로 쓰인다.

They didn't deserve to win.

(그들은 이길 자격이 없었다.)

The problem deserves solving.

(그 문제는 풀어볼 만한 가치가 있다.)

He deserves to be a genius.

(과연 그는 천재라고 불릴 만한 인물이다.)

I think they don't deserve to receive our help.

(나는 그들이 우리의 도움을 받을 자격이 없다고 생각해.)

He deserves to be locked up for ever for what he did.

(그는 그런 짓을 했으니 영원히 가둬 놓아야 마땅하다.)

They make a profit, they deserve rewarding.

(그들이 이익을 창출하면, 보상을 받을 가치가 있다.)

I work hard, and I think I deserve to be well paid.

(난 열심히 일한다. 그리고 나는 보수를 잘 받을 만 하다고 생각한다.)

Some believe that it is a form of tradition which deserves respecting.

(어떤 이들은 그것이 존중 받을만한 전통이라고 믿는다.)

2) forget과 관련된 것: forget to~와 forget ~ing

forget to 부정사는 미래의 행위를 잊는다는 뜻 즉, '~할 것을 잊어버리다'라는 뜻이다. forget 동명사는 과거의 행위를 잊는다는 뜻 즉, '~했던[한] 것을 잊어버리다'라는 뜻이다.

I forgot to lock the gate.

(내가 대문 잠그는 것을 잊었다.)

(= I forgot that I was to lock the gate and therefore did not do so.)

I forgot locking the gate.

(= I forgot that I locked the gate.)

(나는 대문 잠갔던 것을 잊었다.)

Don't forget to pay your rent.

(집세 내는 것을 잊지 마시오.)

I forgot to put out the garbage.

(내다 쓰레기를 내놓는 것을 잊었다.)

I forgot to ask him for his address.

(그에게 주소를 물어볼 것을 내가 잊어버렸다[깜빡 잊고 그에게 주소를 물

어보지 못했다].)

Have you forgotten meeting her?
(네가 그녀를 만난 일이 있는 것을 잊었니?)
I will never forget shaking the President's hand.
(대통령과 악수한 일은 결코 잊지 못할 것이다.)
I'll never forget hearing this piece of music for the first time.
(난 이 곡을 처음 듣던 때를 결코 잊지 못할 거야.)

3) go on과 관련된 것:

go on to 부정사는 '~에 이어 (다른 것을) 계속하다, (무엇을 끝마친 뒤에) 이어서~을[를] 하기 시작하다'라는 뜻이다. go on 동명사는 '~(한 가지 일을) 계속하다. (어떤 일을 쉬지 않고) 계속하다'라는 뜻이다.

He said nothing but just went on working.
(그는 아무 말도 하지 않고 그저 일만 계속했다.)
The book goes on to describe his experiences in the army.
(그 책은 이어서 그의 군대 경험을 묘사하기 시작한다.)

Amanda went on to talk about her other problems.
(아만다는 그녀의 다른 문제들에 대해 계속 이야기했다.)
He went on to receive higher education in America during the Great Depression.
(그는 대공황 동안 이어서 미국에 고등 교육을 받기 위해 갔다.)
My friend went on to explain that the scene in front of us was a common occurrence.
(내 친구는 우리 앞의 광경이 흔한 상황인 것을 설명하며 이어갔다.)

Arnold went on talking about his girlfriend for hours.

(아놀드는 그의 여자 친구에 대해서 계속 이야기 했다.)

She can't go on pretending that everything is fine when it clearly isn't.

(모든 것이 분명히 좋지 않을 경우에도 모든 것이 좋다고 계속해서 가식적으로 행동 할 수 없었다.)

We really can't go on living like this—we'll have to find a bigger house.

(우리는 정말로 이와 같이 계속해서 살 수 없어. 우리는 더 큰 집을 구해야 할 것이다.)

4) learn/teach와 관련된 것

learn/teach to 부정사는 '배우고/가르쳐서 ~할 수 있게 되다'란 뜻이다.

learn/teach 동명사는 배우고 가르치는 '과목'을 나타낸다.

Where did you learn to dance?

(당신은 어디서 춤을 배웠습니까?)

Schools teach reading in the first grade.

(학교에서는 일 학년 때 읽기를 가르친다.)

I teach my players to have respect for other people.

(나는 우리 선수들에게 타인을 존중하라고 가르친다.)

James goes to college twice a week to learn drawing.

(제임스는 데생을 배우러 일주일에 두 번 대학에 간다.)

Just make sure that you learn to fly high and practice it.

(그저 하늘 높이 나는 법을 배우고 연습하라.)

Students can learn to develop their thoughts creatively and logically.

(학생들은 자신들의 창의적이고 논리적이게 사고하는 것을 배울 수 있다.)

In some countries children learn to print when they first go to school.

(일부 국가들에서는 아이들이 맨 처음 학교에 가면 인쇄체로 글쓰기를 배운다.)

He taught me to play the violin.

(그는 나에게 바이올린 연주법을 가르쳐 주었다.)

This should teach you to be careful.

(이것은 주의하지 않으면 안 된다는 것을 가르쳐 주고 있다.)

Parents should teach their children to have more respect for others.

(부모들은 자녀들이 다른 사람에 대한 존경심을 가지도록 가르쳐야 한다.)

He's learning dancing.

(그는 춤을 배우고 있다.)

She's still learning singing.

(그녀는 아직도 노래를 배우고 있다.)

I'm trying to learn speed reading these days.

(저는 요즘 속독을 배우고 있어요.)

Mary taught her children swimming.

(메리는 아이들에게 수영법을 가르쳤다.)

I teach typing at a business school.

(나는 실업 학교에서 타자를 가르치고 있다.)

He teaches skiing in the winter and rock climbing in the summer.

(그는 겨울에 스키타기를 가르치고 여름에 암벽 등반을 가르친다.)

5) mean과 관련된 것

mean to 부정사는 '~을[를] 의도하다[뜻하다/작정하다]'(=intend to)라는 뜻이다. mean 동명사는 '(어떤 결과를) 의미[뜻]하다, (결국) ~하게 되다'(=entail, involve, be likely to result)라는 뜻이다.

She means to succeed.

(그녀는 성공할 작정이다.)

This new order will mean working overtime.

(새 명령은 결국 초과 근무를 해야 함을 뜻한다.)

You're meant to pay before you go in.

([손님은] 들어가기 전에 요금을 내도록 되어 있어요.)

His father meant him to be an engineer.

(그의 아버지는 그를 기술자로 만들고 싶어 하셨다.)

I mean to talk to him about his bad behavior.

(나는 그의 무례한 행동을 충고해 줄 생각이다.

The injury could mean him missing next week's game.

(그 부상은 그가 다음 주 경기에 결장함을 뜻할 수도 있다.)

This new job will mean getting up an hour earlier in the morning.

(이 새로운 직장은 아침에 한 시간 일찍 일어남을 뜻할 것이다.)

Being a good flight attendant means making your passengers feel relaxed.

(훌륭한 비행기 승무원이 되는 것은 승객들을 편안함을 느끼도록 하는 것을 뜻한다.)

6) need와 관련된 것:

need to 부정사는 '~을[를] 할 필요가 있다'라는 뜻이다. need+동명사는 '~될 필요가 있다'라는 뜻이다.

You don't need to leave yet, do you?

(넌 아직 떠날 필요 없잖아, 안 그러니?)

This shirt needs washing.

(이 셔츠는 세탁을 해야 한다.)

* need+~ing는 부정사로 수동의 의미와 같다. 그러니까 need+to+be+~ed로 된다. 그러니까 This shirt needs washing.은 This shirt needs to be washed. (이 셔츠는 세탁을 해야 한다.)와 같은 뜻으로 쓰인다.

I need to wax the car.

(나는 차에 왁스를 발라야 한다.)

He doesn't need to be told that.

(그에게는 그것을 말할 필요가 없다.)

This letter needs to be signed by the manager.

(이 편지는 지배인이 사인을 해야만 한다.)

This chair needs fixing.

(이 의자는 수리할 필요가 있다.)

This car needs washing.

(이 차는 세차가 필요하다.)

This tire needs changing.

(이 타이어는 교체될 필요가 있다.)

* 이와 같이 수동의 의미를 갖는 동명사의 경우로 bear ~ing('[…할] 필요가 있다. […되는 것이] 가능하다'), deserve ~ing('…될 자격이 있다')와 want ~ing('(…당할)필요가 있다')가 있다.

The grass wants cutting.
(이 잔디는 깎을 필요가 있다.)
(=The grass want to be cut.)
The plant wants watering daily.
(그 화초들은 매일 물을 주어야 한다.)
This leather wants oiling regularly.
(이 가죽 제품은 정기적으로 기름칠을 해야 한다.)

He deserves shooting first.
(= He deserves to be shot first.)
(그는 누구보다 먼저 사살당해야 마땅하다.)
I don't think his article deserves reading.
(그의 기사가 읽혀질 가치가 없다고 나는 생각한다.)
He deserves locking up for ever for what he did.
(그는 그런 짓을 했으니 영원히 가둬 놓아야 마땅해.)

The joke doesn't bear repeating.
(그 농담은 반복할 것이 못 된다.)
His sufferings don't bear thinking about.
Her strange behavior bears watching.
(그녀의 이상한 행동은 관찰할 필요가 있다.)
(그의 고통은 (너무 끔직해서) 생각할 만한 것이 못된다.)

7) regret와 관련된 것: regret to~와 regret ~ing

regret to 부정사는 '(정중히 격식을 차리는 말에서) 유감스럽게[애석하게/안타깝게] 생각하다, ~이 유감이다'라는 뜻이다. regret 동명사는 '~한 것을[를] 후회하다'라는 뜻이다,

I regret to say that.

(= I regret that I am about to say that.)

(내가 그렇게 말하는 것이 유감이다.)

I regret saying that.

(= I regret that I said that.)

(내가 그렇게 말한 것을 후회한다.)

* 부정사의 경우는 '유감스럽지만 말해야겠다'란 뜻이고, 동명사의 경우는 '(이미) 말해버린 것이 유감스럽다'란 뜻이다. 다시 말해서, 시간상의 선후관계에 있어 regret to say는 regret이 to say에 앞서고, regret saying은 saying이 regret에 앞선다. 이와 같은 시간상의 선후관계의 차이는 remember와 forget의 경우에도 해당된다. 그리고 regret to+부정사는 나쁜 소식을 전해주는 격식을 차리는 편지에서 주로 쓴다.

I regret to say that I have no time to help you.

(유감스럽게도 저가 당신을 도와드릴 시간이 없네요.)

I regret to advise you that the course is now full.

(유감스럽게도 그 과정에 인원이 다 찼음을 알려드립니다.)

I regret to tell you that you have failed the exam.

(유감스럽지만 당신은 시험에 떨어졌습니다.)

I regret eating the oyster.

(내가 굴 먹은 것을 후회하고 있다.)

I regret not having worked harder.

(내가 더 열심히 일하지 않은 것을 후회한다.)

I regret not being able to work harder.

(내가 좀더 열심히 일할 수 없었던 것이 유감입니다.)

8) remember와 관련된 것: remember to~와 remember ~ing:

remember to 부정사는 미래의 행위를 기억한다는 뜻 즉, '~할 것을[를] 기억하다'라는 뜻이다. remember 동명사는 과거의 행위를 기억한다는 뜻 즉, '~한 것을[를] 기억하다'라는 뜻이다.

I remembered to post the letter.

(나는 그 편지를 부쳐야 한다는 것을 기억하고 있었다[잊지 않고 있었다].)

(= I remember that I had to post the letter and then I did so.)

I remember posting the letter.

(= I posted the letter and I remember that I performed the action.)

(나는 그 편지를 부친 것을 기억한다.)

I remember to see you.

(나는 당신을 만날 것을 기억한다.)

I must remember to watch that TV program tonight.

(오늘 밤에 그 텔레비전 프로를 잊지 않고 꼭 보아야 해

Remember to mail this letter on your way to school.

(자네가 학교 가는 길에 잊지 말고 이 편지를 부쳐라.)

I remember seeing you before.

(저가 전에 당신을 만난 일이 생각납니다.)

I remember locking the door. I'm sure of that.

(나는 문을 잠근 것을 기억한다. 나는 확신한다.)

Do you remember switching the lights off before we came out?

(우리가 나오기 전에 전등불 끈 거 기억나니?

* 기억(memory)에 관해 이야기 하는 경우, 기억의 주체와 글의 주어가 같은 경우가 대부분이다. 그런데 기억의 주체와 글의 주어가 다른 경우에는 remember와 ~ing 모양 사이에 명사나 대명사를 넣는다.

She remembers *Miss Caroline* smiling.

(그녀는 캐롤라인 양이 미소를 지었던 것을 기억한다.)

I remember *her* being a dominant figure.

(나는 그녀가 유력 인사였던 것으로 기억한다.)

She remembered him saying so.

(그가 그렇게 말한 것을 그녀는 기억하고 있었다.)

She remembers her teacher printing the alphabet.

(그녀는 선생님께서 알파벳을 인쇄체로 썼던 것을 기억한다.)

I can't remember his taking a single day off work.

(나는 그가 단 하루라도 근무를 쉰 것을 기억할 수 없다.)

I can still vividly remember my grandfather teaching me to play cards.

(나는 할아버지께서 내게 카드놀이를 가르쳐 주시던 것을 아직도 생생히 기억할 수 있다.)

9) sorry와 관련된 것

sorry to 부정사는 현재의 상황(이제 막 하려는 일이나 금방 저지른 일)과 관련된 사과의 말로 '미안[죄송]해요'라는 뜻으로 쓰인다. sorry for/about 동명사는 과거에 저지른 일을 말하는 사람이 미안하게 생각하고 사과를 하는 말로 '미안[죄송]해요'라는 듯으로 쓰인다.

I'm sorry to have kept you waiting.

(기다리시게 해서 죄송해요.)

I'm sorry for making such a fuss about the noise.

(그 소음을 두고 그렇게 불평해서 미안해요.)

I am (dreadfully) sorry to hear it

(그것 참 안됐습니다.)

I'm sorry to hear that you hurt your knees.

(네가 무릎을 다쳤다니 유감이구나.)

We're sorry to hear that your mother's in hospital again.

(당신 어머님께서 또 다시 입원하셨다니 안됐군요.)

I'm sorry for causing so much trouble.

(저가 폐를 끼쳐서 죄송합니다.)

I called him and said I was sorry for making him sad.

(나는 그에게 전화를 해서 그를 슬프게 만들어서 미안하다고 말했다.)

He says he's really sorry for taking the car without asking.

(그는 물어보지도 않고 그 차를 가져가서 정말 미안하다고 한다.)

10) stop과 관련된 것: stop to~와 stop ~ing

stop to 부정사는 '~하기 위해 그만 둔다[멈춘다/중지하다], ~하는 것을 멈추다' 라는 뜻이다. stop 동명사는 '~하는[하던] 것을[를] 그만 둔다[멈춘다/중지하다]'는 뜻이다.

We stopped to take pictures.

(우리는 사진을 찍기 위해 걸음을[하던 일을] 멈췄다.)

We stopped taking pictures.

(우리는 사진 찍기를 그만두었다[사진을 그만 찍었다].)

I stopped to eat.

(나는 먹기 위해 멈췄다.)

I stopped to work.

(나는 일하기 위해 멈췄다.)

I stopped to smoke.

(나는 담배를 피우기 위해 멈췄다.)

I stopped eating.

(나는 먹는 것을 멈췄다.)

I stopped smoking.

(나는 담배를 끊었다.)

Has it stopped raining yet?

(비가 벌써 그쳤니?)

11) try와 관련된 것: try to~와 try ~ing: "라는 뜻이다.

try to 부정사는 '~을[를] 시도하다, (애를 써서) 하려고[이루려고] 하다, 애를 쓰다, ~하기 위해 노력하다'(=make an attempt)라는 뜻이다. try 동명사는 '~을 [를] 해 보거나 시도해 보다, ~을[를] 시험삼아 해보다'(=do something as an experiment or test to see whether it is satisfactory)라는 뜻이다.

You should try to eat more fruit.

(과일을 더 많이 먹도록 노력해야 한다.)

You should try eating more fruit.

(과일을 더 많이 먹는 것이 도움이 되는지 한번 시도해 보라.)

I tried to eat.

(나는 먹기 위해 노력했다.)

I tried to run faster than him.

(나는 그보다 더 빨리 달리려고 노력했다.)

I tried to open my eyes, but I fell asleep.

(나는 눈을 뜨려고 노력했지만 난 잠들고 말았다.)

I tried eating it.

(나는 그것을 시험 삼아 먹어봤다.)

I tried using other keys.

(나는 다른 열쇠들을 시험 삼아 써봤다.)

The boy tried moving the heavy sofa.

(그 소년은 무거운 소파를 움직이려고 했다[해보았다].)

익힘문제

Ⅰ. 다음 글에서 틀린 부분이 있으면 고쳐 쓰세요.

1. I made Jennifer to wait outside.

2. I hear her tell that she's got a new job.

3. Absence makes the heart to grow fonder.

4. He is accused of hurting a fellow prisoner.

5. She noticed him to run away from the house.

6. Only the driver was wounded in the accident.

7. A word and a stone let to go, can't be recalled.

8. The engine was too badly wound to be repaired.

9. I think we should let them to stay until the weekend.

10. It's no use having lessons if you don't want to learn.

11. On a beautiful day like today it's no use staying at home.

12. The driver was very lucky and was only slightly damaged.

13. He made to believe that he had caught the huge fish himself.

14. The wounded soldiers were sent home for medical treatment.

15. There's no good putting a very young child in a kindergarten.

16. Jane borrowed my new bicycle; I had to make to do with my old one.

17. She saw the man with interest as he made the way through the crowd.
(saw→watched)

18. It's no good to want to help the poor if you don't do anything about it.

19. Hospital workers had to make them to do with a 1.5% pay increase this year.

20. During the protests. some students were killed and others were seriously damaged.

II. 다음 영어로 된 글을 한글로 옮기시오.

1. The house wants painting.

____

2. Have you forgotten meeting her?

____

3. I remember buying her a present.

____

4. I didn't mean you to read the letter.

____

5. Such rude words won't bear repeating;

____

ANSWERS

I. 다음 글에서 틀린 부분이 있으면 고쳐 쓰세요.

1. to wait→wait, 2. hear her tell→hear tell, 3. to grow→grow, * 이 글은 '떨어져 있으면 더욱 그립다.'라는 뜻이다. 4. hurting→wounding, 5. to run→run, 6. wounded→injured 또는 hurt, 7. to go→go, * 이 글은 '일단 밖으로 나온 말과 일단 던진 돌은 되찾을 수 없다.'라는 뜻이다. 8. wounded→damaged, 9. to stay→stay, 10. It's no use having lessons→There's no point in having lessons, 11. it's no use staying→there's no point in staying, 12. damaged→hurt, 13. made to believe→made believe, 14. damaged→wounded, 15. There's no good putting→It's no good/use putting, 16. make to do→make do, 17. saw→watched, 18. to want→wanting, 19. to do→do, 20. damaged→injured 또는 wounded

II. 1. 그 집은 페인트칠을 다시 할 필요가 있다. 2. 그녀를 만난 일이 있는 것을 잊었니? 3. 나는 그녀에게 선물 사 준 것을 기억했다. 4. 네게 그 편지를 읽게 할 의도는 없었다. 5. 그렇게 무례한 말은 되풀이해 말할 것이 못된다.

PART 3

도우미동사

1 must와 have to의 차이

2 be able to와 can의 차이

3 will과 be going to의 차이

4 had better와 would rather의 차이

1 must와 have to의 차이

must와 have (got) to는 현재형으로 쓰여 무엇이 필요하거나 어떤 일을 반드시 해야 함을 나타낸다. 미국영어, 특히 구어에서는 have to가 흔히 쓰인다. must와 have to는 법이나 규칙이 있을 때 스스로 자유롭게 선택하거나 결정할 수 없는 경우에 사용한다.

그런데 should나 ought to는 누군가가 어떤 것을 하라고 충고하지만 스스로 선택하거나 결정할 수 있을 경우에 사용한다. 그리고 should와 ought to는 어떤 일을 하는 것이 가장 좋거나 옳은 일일 때 둘 다 쓰이는데, should가 흔히 쓰인다. 그런데 의문문에서는 ought to 대신에 보통 should가 쓰인다.

〈must의 경우〉

I must wash the car tomorrow.

(내가 내일은 세차를 해야 한다.)

All this mail must be answered.

(이 우편물 모두에 답장을 써야 해.)

Children must obey their elders.

(아이들은 어른에게 복종해야 한다.)

You must be home by 11 o'clock.

(넌 열한시까지는 집에 와야 해.)

You must eat what is put before you.

(넌 내놓은 음식은 무엇이든지 먹어야 한다.)

* 누군가가 어떤 것을 하지 않는 것이 필수적인 것을 의미할 때는 must not 이나 must never를 쓴다.

You must not go.

(너는 가서는 안 돼.)

You mustn't say things like that.

(네가 그런 말을 해서는 인 된다.)

Cars must not park in front of the entrance.

(입구 앞에는 차를 주차하면 안된다.)

A: May I take this book?

B: No, you mustn't.

(A: 저가 이 책을 가져가도 되나요?

B: 안 돼.)

We must never give up.

(우리는 절대 포기해선 안됩니다.).

Learning must never cease.

(학문을 그쳐서는 안 된다.)

The door to the X-ray room must never be opened when the red light is on.

(빨간 불빛이 들어올 때 엑스레이 방으로 가는 문은 결코 열어서는 안 된다.)

* 누군가가 어떤 것을 하는 것이 필요하지 않는 것을 의미할 때는 needn't나 don't[doesn't] need/have to를 쓴다.

He doesn't need to be told that.

(그에게는 그것을 말할 필요가 없다.)

Independence need not mean freedom.

(독립이 반드시 자유를 의미한다고는 할 수 없다.)

You needn't pay now. You can wait until the furniture has been delivered.

(넌 지금 돈을 지불할 필요가 없다. 가구가 배달될 때까지 넌 기다릴 수

있어.)

I don't have to go to school for the time being.

당분간 학교에 가지 않아도 돼.

You don't have to pay for the tickets in advance.

(당신은 그 티켓 값을 미리 지불할 필요가 없습니다.)

You don't have to worry if you have a strong mind.

(당신이 강한 마음을 가지고 있다면 걱정할 필요는 없습니다.)

* 누군가가 어디에 있는지 또는 누군가가 무엇을 하고 있는 지 실질적으로 모르지만 어떤 사실들 때문에 추측할 수 있게 할 때는 must be나 must be doing을 쓴다.

You must be really angry and sad at the same time.

(넌 분명 아주 화도 나고 동시에 슬프기도 할 거야.)

If she isn't in her office, she must be in the canteen.

(만약 그녀가 사무실에 없으면 그녀는 구내식당에 틀림없이 있을 거야.)

This must be the most boring party I've ever been to.

(이것은 분명 내가 여태까지 가 본 파티 가운데 가장 따분한 파티일 것이다.)

If she's in the canteen, she must be having her lunch.

(만약 그녀가 구내식당에 없으면 그녀는 틀림없이 점심을 먹고 있을 거야.)

These days, Sophia must be spending the best of days!

(요즘, 소피아는 최고의 나날을 보내고 있음에 틀림없군요!)

Music producers must be focusing their eyes on the little boy.

(음악 프로듀서들은 이 작은 소년에 주목하고 있을 것임에 틀림없다.)

<have to의 경우>

I will have to go now.

(나는 이제 가봐야 한다.)

Nurses have to wear a uniform.

(간호사들은 유니폼을 입어야 한다.)

I have to go to the dentist tomorrow.

(나는 내일 치과에 가야 한다.)

He has (got) to be the worst actor on TV!

(그는 틀림없이 텔레비전에 나오는 최악의 배우[탤런트]일 거야!)

I have to collect the children from school at 3 o'clock.

(나는 세 시에 아이들을 학교에서 데려 와야 한다.)

영국영어에서는 must와 have (got) to 사이에 차이가 있다. must는 말하는 사람이나 듣는 사람이 원하는 것에 대해 말할 때 쓰이고, have (got) to는 규칙, 법률, 다른 사람들의 소망에 대해 말할 때 쓰인다.

I must finish this essay today. I'm going out tomorrow.

(나는 이 에세이를 오늘 끝내야 한다. 내일은 외출할 거니까.)

I have to finish this essay today. We have to hand them in tomorrow.

(나는 이 에세이를 오늘 끝내야 한다. 내일 제출해야 하니까.)

You must be hungry after all that walking.

(네가 그렇게 많이 걸었으니 넌 배가 고플거야.)

I must admit I was surprised it cost so little.

(내가 그 값이 너무 저렴한 데 놀랐음을 인정해야겠군요.)

A: Do you have to finish this today?

B: Yes, you must.

(A: 우리가 오늘 이 일을 끝내야 하나요?

B: 응, 그래야 해.)

* have to의 부정 형태나 의문 형태는 보통 do와 함께 만들어진다.

<의문 형태>

Do you really have to go now?

(네가 정말로 지금 가야 하니?)

Do the children have to wear a uniform?

(아이들이 교복을 입어야 하나요?)

Do you have to make that noise when you eat?

(식사하면서 그런 소리를 내야 되겠니?)

<부정 형태>

I don't have to leave just yet.

(난 아직까지 떠날 필요가 없다.)

She doesn't have to work at weekends.

(그녀는 주말에는 일을 하지 않아도 된다.)

You do not have to bring your lunch tomorrow.

(넌 내일은 점심을 싸 오지 않아도 돼.)

<should나 ought to의 경우>

You shouldn't drive so fast.

(당신이 그렇게 빨리 (차를) 달리면 안 된다.)

Should we call the doctor?

(우리가 의사를 불러야 할까요?)

Should I call him and apologize?

(제가 그에게 전화를 걸어 사과를 해야 할까요?)

You should take the baby to the doctor's.

(당신 그 아기를 의사에게[병원에] 데리고 가 봐야 할 거에요.)

At the end of the examination, you should check your answers.

(시험이 끝날 때, 넌 답을 확인해 보아야 한다.)

They ought to apologize.

(그들은 사과를 해야 한다.)

I ought to give up smoking.

(난 담배를 끊어야 해.)

Such things ought not to be allowed.

(그런 일은 허용되어서는 안 된다.)

You ought to have been more careful.

(네가 좀 더 조심했어야 했어.)

Etiquette ought to be taught in schools.

(에티켓은 학교에서 가르쳐야 한다.)

2 be able to와 can의 차이

be able to와 can은 '…할 수 있다'라는 뜻으로, 우리나라에서 같은 뜻으로 쓰인다고 설명한다. 그러나 좀 더 자세하게 살펴보면 아래와 같이 쓰임새의 차이가 있다.

〈can/can't의 경우〉

① 인식과 관련된 동사(verbs of perception)—feel, hear, notice, see, smell과 taste 등—와 마음[정신]과 관련된 동사(verbs of the mind)—decide, remember와 understand 등—는 보통 can과 can't를 쓴다.

I can hear music.

(나에게 음악소리가 들려.)

I can't decide what to wear.

(나는 무엇을 입을 것인지 결정할 수가 없어.)

He couldn't remember my address.

(그는 내 주소가 생각나지 않았다.)

I could smell alcohol on his breath.

(난 그의 입에서 술 냄새가 나는 것을 알 수 있었다.)

She could feel a lump in her breast.

([본인이 만져보니] 그녀의 유방에서 혹이 만져졌다.)

I could see there was something wrong.

(나는 뭔가가 잘못됐음을 알 수 있었다.)

Can you taste the cinnamon in this cake?

(당신이 보기에 이 케이크에 계피 맛이 납니까?)

I cannot understand why she is in Mexico.

(그녀가 왜 멕시코에 살고 있는지 납득할 수가 없다.)

Often times we can notice a red cranberry sitting alone on top of a cheesecake.

(우리는 종종 치즈 케이크 위에 얹혀 있는 붉은색의 크렌베리를 볼 수 있다.)

② can't/couldn't stop doing something과 같은 구에 유의해야 한다.

I wish I could stop being distracted by the Internet.

(내가 인터넷에 주의를 빼앗기는 일을 그만할 수 있다면 좋겠어.)

When John tells one of his hilarious jokes, no one can stop laughing.

(존이 우스개 소리를 하면 아무도 웃음을 멈출 수 없다.)

If someone has kidney disease like Brandon, their kidneys can stop working.

(만일 누군가가 브랜든처럼 신장병을 가지고 있으면, 그들의 신장은 작동을 멈출 수 있다.)

The minute I dropped out I could stop taking the required classes that didn't interest me.

(내가 학교를 그만둔 그 순간 내가 흥미가 없는 필수 과목들을 듣지 않아도 되었다.)

Patients can stop having special medical treatments when their kidneys are more than 10 percent effective,

(환자들은 신장이 십 퍼센트 이상만 기능을 해도 특수 치료를 중단할 수 있다.)

③ 법이나 규칙에 의해 통제되는 행위에 대해서는 can과 can't나 be(not) allowed to를 쓴다.

We can vote when we are twenty.

(우리는 이십 세가 되면 투표권이 있다.)

The police can arrest drunken drivers.

(경찰은 음주 운전자를 체포할 수 있다.)

In some countries you can't drink until you are 21.

(몇몇 나라에서는 이십일 세 이하까지 술을 마실 수 없다.)

Now that they are both sixteen, they can get married.

(그들 둘 다 십육 세이기에 그들은 결혼할 수 있다.)

The goal keeper can touch the ball, but nobody else can.

(골키퍼는 볼에 손이 닿을 수 있지만 다른 사람은 할 수 없다.)

He is not allowed to stay out late.

(그는 늦은 귀가가 허락되지 않는다.)

They shouldn't be allowed to get away with it.

(그들이 그것을 가지고 가도록 허락해선 안된다.)

You are not allowed to use a flash in this museum.

(이 미술관에서는 플래시 사용이 금지되어 있다.)

Popes are allowed to resign, but only a few have done so.

(교황들도 은퇴할 수 있지만, 은퇴한 교황은 불과 몇 명 안 된다.)

Boys can learn better when they are allowed to stay active.

(남학생들은 활동적이게 해주면 더 잘 배울 수 있다.)

④ 과거에 있어서 기술이나 일반적인 능력에 관해 이야기할 때 could나 be able to 둘 다 쓸 수 있다.

I could drive a car before I left high school.

(나는 고등학교를 마치기 전에 운전을 할 줄 알았다.)

They could not swim and had to be rescued.

(그들이 헤엄칠 줄 몰랐기 때문에 구조되어야만 했다.)

Our daughter could walk when was nine months old.

(우리 딸은 생후 구 개월 되었을 때 걸을 줄 알았다.)

He was not able to find many reference materials.

(그는 많은 참고자료를 찾을 수 없었다.)

I was able to find some useful books in the library.

(나는 도서관에서 유용한 책들을 좀 찾을 수 있었다.)

They were not able to find a skeleton on the database list.

(그들은 데이터 목록에서 해골 하나를 발견할 수 없었다.)

* 그러나 과거에 있어서 한 개의 사건에 관해 이야기할 때는 보통 could를 쓰지 않고 be able to나 manage를 쓴다. 여기서 manage는 '(힘든 일을) 간신히[용케] 해내다, (어떻게든) …하다[해내다], (특정한 시간에) …하는 일이) 가능하다'라는 뜻이다.

We weren't able to get there in time.

(우리는 시간 안에 거기에 도착하지 못했다.)

I wasn't able to use the Internet for a few days.

(나는 며 칠 동안 인터넷을 쓸 수가 없었다.)

He was finally able to photograph a great white shark.

(그는 마침내 큰 백상어의 사진을 찍을 수 있게 되었다.)

She took courage from what she was able to still communicate.

(그녀는 아직도 의사소통을 할 수 있다는 것에서 용기를 얻었다.)

With the invention of the stethoscope, doctors were able to diagnose diseases more accurately.

(청진기의 발명으로, 의사들은 병을 더 정확히 진단 할 수 있었다.)

We didn't manage to get there in time.

(우리는 시간 안에 거기에 도착하지 못했다.)

He has finally managed to find a new job.

(그는 마침내 간신히 새로운 일자리를 구했다.)

I managed to find some useful books in the library.

(나는 도서관에서 유용한 책들을 좀 찾을 수 있었다.)

In spite of his disappointment, he managed a weak smile.

(그는 실망감에도 불구하고 간신히 희미한 미소를 지어 보였다.)

Let's meet up again—can you manage next week sometime?

(우리 다시 만나. 다음 주 언제 되겠니?)

* 그런데 부정을 나타내는 문맥에서나 see, hear와 smell 등의 동사 앞에서는 could 가 쓰인다.

Couldn't you start the car?

(당신이 그 자동차에 시동을 걸 수 없었어요?)

So I couldn't hear very well.

(그래서 나는 잘 들을 수가 없었지.)

It was getting dark and I couldn't see to read.

(날이 어두워지고 있어서 앞이 보이지 않아 글을 읽을 수 없었다.)

Joseph found he still couldn't smell the cigarette.

(조셉은 그가 여전히 담배냄새를 맡을 수 없다는 것을 알았다.)

We looked everywhere for the cassette, but we couldn't find it.

(우리가 그 카세트를 찾기 위해 모든 곳을 둘러 보았지만 그것을 찾을 수 없었다.)

<be able to의 경우>

be able to는 누군가가 어떤 것을 할 수 있고, 어떤 것을 한다면 보통이거나 놀랄만한 것이 아닌 경우에 쓰인다.

He is able to play tennis.

(그는 테니스를 칠 줄 안다.)

Will you be able to come?

(너 올 수 있겠니?)

You must be able to speak French for this job.

(당신이 이 일을 하려면 프랑스어를 할 수 있어야 한다.)

He is still able to walk, run, and even climb mountains.

(그는 여전히 걷고, 뛰고, 심지어 등산까지 할 수 있다.)

I guess computers will be able to converse like humans, too.

(컴퓨터가 인간처럼 대화를 할 수 있을 거라고 나는 생각해.)

* 그런데 be able to에 견주어 be capable of는 누군가가 보통은 하지 않지만 누군가가 원한다면 그것을 하는 것이 가능한 경우에 쓴다.

He is capable of telling a lie.

(그는 거짓말도 불사할 사람이다.)

You are capable of better work than this.

(넌 이것보다 일[공부]을 더 잘 할 수 있어.)

He's quite capable of lying to get out of trouble.

(그는 곤경을 벗어나기 위해 거짓말을 할 수 있는 사람이다.)

I'm perfectly capable of doing it myself, thank you.

(고맙지만 나 혼자서도 충분히 할 수 있어요.)

He does not seem to be capable of learning from experience.

(그는 경험에서 배우는 능력이 없는 것 같다.)

* 누군가로 하여금 어떤 것을 할 수 있도록 하는 경우에는 enable을 쓴다. 여기서 enable은 '(사람에게) …을 할 수 있게 하다'라는 뜻이다. 이 경우 대개 enable A to B의 모양이 대부분이다. 여기서 A는 사람을 가리킨다.

Good health enabled him to carry out the plan.

(건강했기 때문에 그는 그 계획을 수행할 수 있었다.)

The software enables you to access the Internet in seconds.

(이 소프트웨어를 쓰면 몇 초 이내에 인터넷 접속을 할 수 있다.)

Language enables people to communicate the most basic information.

(언어는 사람들이 가장 기본적인 정보를 주고받는 것을 가능하게 한다.)

This freedom will enable him or her to realize opportunities and make accomplishments.

(이런 자유 때문에 그 또는 그녀에게 기회를 실현하고 성과를 이루어 낼 수 있게끔 해줄 수 있다.)

This experiment discovered that the brain's grid cells enable people to navigate their ways.

(이 실험은 뇌의 셀 격자가 사람들이 길을 찾는 것을 가능하게 해 준다는 것을 발견 했다.)

3 will과 be going to의 차이

우리나라에서 will과 be going to는 뜻이 같다고 일반적으로 말한다. 그렇지만 같이 쓰이는 경우기 일부 있긴 하지만, 실제 영어 쓰임에 있어서는 차이가 있다.

먼저, 계획된 어떤 것이나 미래에 일어날 것이라고 생각하는 것에 관해 이야기 하기 위해 will이나 be going to를 쓸 수 있다.

Where will you stay in Berlin?

(베를린에서 너는 어디에 머무를 건데?)

또는

Where are you going to stay in Berlin?

(베를린에서 너는 어디에 머무를 건데?)

We will study climate change in a larger part of the course.

(진로의 좀 더 큰 부분에 있어서 기후 변화를 연구할 것이다.)

또는

We will study climate change in a larger part of the course.

(진로의 좀 더 큰 부분에 있어서 기후 변화를 연구할 것이다.)

The south of the city won't be affected by the power cuts.

(도시의 남부는 정전으로 영향을 받지 않을 것이다.)

또는

The south of the city isn't going to be affected by the power cuts.

(도시의 남부는 정전으로 영향을 받지 않을 것이다.)

◈ 그런데 다음 1)과 2)의 문장에서 will과 be going to 의 차이점은 어디에 있을까?

(1) 'Pineapples are on special offer this week.' In that case, I'll buy two.

(파인애플은 이번 주 특별판매 대상이다.' 이 경우, 나는 두 개를 살 것이다.)

(2) When I've saved up enough money, I'm going to buy a digital camera.

(내가 충분한 돈을 모았을 때, 디지털 카메라를 살 것이다.)

둘 다 미래의 상황을 표현한 것이지만, 첫 번째 글은 미래의 시점에서 파인애플을 살 것이라는 주어의 단순한 의지를 나타낼 뿐, 파인애플을 사기 위한 구체적 계획이나 수행의 과정을 담고 있지 않다고 볼 수 있다. 두 번째 글은 디지털 카메라를 사려는 계획에 대한 주어의 의지뿐만 아니라, 그 계획을 수행을 위해서 돈을 모으는 등의 일이 진척되는 과정의 상황까지 담은 표현이다. 즉, 'will'을 사용한 1)의 경우 행위가 일어나게 될 미래의 상황에 초점을 맞춘 표현이라고 볼 수 있다. 그런데 'be going to'를 사용한 2)는 과정의 상황을 담고 있다는 점에서 말하는 시점인 현재에 초점을 맞춘 것이다.

* 미래의 할 일을 말할 때 'will'과 'be going to'를 사용한다. 흔히 이 둘은 같은 의미를 가진 것으로 혼용하여 쓰이지만, 엄격히 말하면, 이 둘은 각각 뉘앙스에서 차이가 난다. 별 차이가 없어 보이지만, 'will'은 확정되지 않은 막연한 일 즉, 미래의 어떤 시점에서의 행동에 대한 주어의 의지를 나타낸다. 그런데 'be going to'는 미래에 마음을 먹은 주어의 의지나 결심뿐만 아니라 확정된 계획, 그리고 그 계획의 수행을 위해 상당히 일이 진척된 경우에 사용된다. 그러니까 'will'은 좀 먼 미래에 관한 일을 표현할 때 쓰이며, 단순히 말하는 사람이 어떤 일을 할 생각이 있다는 정도의 뉘앙스를 갖고 있다. 그에 반해 'be going to'는 말하는 사람이 말하는 시점에서, 'will'에 비해 비교적 가까운 미래에 어떠한 행위를 할 계획이 있으며, 그에 대한 구체적 생각까지 가진 상황에서 과정의 의미를 담고 있다.

〈will의 경우〉.

She will have a baby.

(그녀는 아기를 갖게 될 것이다.)

I will see the movie tomorrow.

(나는 내일 그 영화를 볼 것이다.)

By next year all the money will have been spent.

(내년쯤이면 그 돈은 다 쓰고 없을 것이다.)

A: Did you call Julie?

B: Oh no, I forgot. I'll call her now.

(A: 줄리에게 전화했니?

B: 아이쿠, 내가 깜빡했어. 내가 그녀에게 지금 전화할 게.)

A: This is a very long line!

B: Don't worry. We will get in.

(A: 줄이 너무 길어!

B: 걱정하지마. 우리도 입장할 거야.)

〈be going 새의 경우〉

She's going to have a baby.

(그녀는 아기를 낳을 것이다.)

I'm going to see the movie tomorrow.

(나는 내일 그 영화를 보러 갈 것이다.)

We are going to deliver the goods this Thursday.

(본사는 이번 목요일에 그 물품을 배송할 예정입니다.)

A: Eric is in the hospital.

B: Yes, I know. I'm going to visit him this evening.

(A: 에릭이 병원에 입원해 있어.

B: 나도 알고 있어. 나는 오늘 저녁에 그를 문병하려고 한다.)

A: What are you going to do this weekend?

B: I'm going to see my friends.

A: What are you going to do with them?

B: I'm not sure. Maybe I will go to the park.

(A: 너 이번 주 주말에 뭐 할거야?

B: 친구들 볼 건데.

A: 친구들하고 뭐 할 건데?

B: 확실히 모르겠지만, 아마 공원에 갈 거 같아.)

이 외에 will과 be going to의 쓰임새 차이는 다음과 같다.

◈ 우리의 의견이나 경험에 근거를 두고 예측을 하는 경우에는 be going to 보다 will을 쓴다.

Why not come over at the weekend? The children will enjoy seeing you again.

(주말에 오지 않을래? 애들이 널 또 다시 보고 싶어하는데.)

A: Shall I ask Sandra?

B: No, she won't want to be disturbed.

(A: 내가 산드라에게 물어볼까요?

B: 아뇨, 그녀는 방해받고 싶어하지 않을 거예요.)

◈ 몇 가지 현재의 증거(evidence)에 근거를 두고 예측을 하는 경우에는 will 보다 be going to를 쓴다.

The sky has gone really dark. There's going to be a storm.

(하늘은 정말 어두워졌어. 폭풍이 올 모양이야.)

A: What's the matter with you?

B: It looks like she's going to faint.

(A: 너 왜 그래?

B: 그녀가 기절할 것 같아.)

◈ I bet, I expect, I hope, I imagine, I reckon, I think, I wonder, I'm sure 와 함께 쓰여 미래를 예측하는 경우나 think와 reckon이 의문문에 쓰여 미래를 예측하는 경우에는 종종 will을 쓴다.

Do you reckon he'll say yes?

(당신은 그가 동의할 거라고 생각해요?)

He'll be famous one day. What do you reckon?

(그가 언젠가는 유명인이 될 거야. 네 생각은 어때?)

I don't imagine they'll refuse.

(그들이 거절하지는 않을 거야.)

I imagine the stadium will be full for the match on Saturday.

(그 경기장은 토요일 경기에는 꽉 찰 거라고 나는 생각해.)

When do you think you'll finish work?

(넌 언제 일을 끝낼 거라고 생각해?)

I don't think (that) it will rain tomorrow.

(내일은 비가 오지 않으리라 나는 생각한다.)

I bet we will have a lot to chat about!

(우리는 할 말이 좀 있을 것 같은데요!)

I bet you will love it when you have a chance to try it.

(자네가 그것을 먹어보면, 분명히 그것을 좋아 할 거야.)

◈ 미래 사건이 if 절에서 묘사된 행위에 의존하지 않는 경우에는 will이 아니고 be going to를 쓴다.

I'll open a bottle of lemonade if you want some.

(=If you say you want some, I'll open a bottle of lemonade.)

(네가 좀 마시고 싶으면, 내가 레모네이드 한 병을 따려고 해.)

I'm going to open a bottle of lemonade, if you want some.

(=I'm going to open a bottle of lemonade. Do you want some?)

(레모네이드 한 병 따려고 하는데. 너 좀 마실 래?)

◈ if 절이라 할지라도 주절이 제의[제안], 요청, 약속과 능력을 언급하는 경우에는 be going to를 쓰지 않고 will을 쓴다.

If Jack phones I'll let you know.

(잭이 전화를 하면 너에게 알려줄 게.)

If you look to your left, you'll see the lake.

(당신이 왼쪽으로 쳐다보게 되면 호수를 보게 될 것입니다.)

If you don't switch on the monitor first, the computer won't come on.

(만약 모니터를 먼저 켜지 않으면 그 컴퓨터는 작동되지 않을 것이다.)

4 had better와 would rather의 차이

우리나라에서 had better와 would rather는 같은 뜻으로 설명을 하는 경우가 대부분이다. 그렇지만 실제 영어 쓰임새에 있어서는 차이가 있다. had better는 '…하는 편이 좋다, (…하는 것이) 좋을 것이다'라는 뜻으로 충고를 하는 경우에 쓰인다. 이 경우는 꼭 그래야 함을 뜻하는 경우가 일반적이다. would rather는 '(…하기 보다는 차라리) ~하겠다[하고 싶다], 오히려 …하고 싶다, …하는 편이 좋을 듯하다'라는 뜻으로 선택을 하는 경우에 쓰인다.

〈had better의 경우〉

You'd better going by bus.

(버스로 가는 게 나을 것이다.)

You'd better not do that again.

(너 다신 안 그러는 게 좋을 거야.)

It's a secret, you'd better not tell me.

(그건 비밀이니, 네가 나에게 말을 하지 않는 것이 더 좋을 거야.)

We'd better leave now or we'll miss the bus.

(우리 지금 출발하는 게 좋겠어. 안 그럼 버스를 놓칠 거야.)

You'd better go to the doctor about your cough.

(너 그 기침 때문에 병원에 가 보는 게 좋을 거야.)

〈would rather의 경우〉

She'd rather die than give a speech.

(그녀는 연설을 하느니 차라리 죽는 게 나을 것 같았다.)

Would you rather walk or take the bus?

(걸어가고 싶으세요 아니면 버스를 타시겠어요?)

They'd rather wait and see what happens.

(무슨 일이 일어나는지 그들이 기다려 보는 게 나을 것 같다.)

I'd much rather stay home than go golfing.

(내가 골프를 치러 가기보다 집에 있는 쪽이 훨씬 낫다.)

I would rather stay at home than go out in the rain.

(비가 오는데 나가는 것 보다는 차라리 집에 있는 게 낫겠다.)

익힘문제

* 다음 글에서 틀린 부분이 있으면 고쳐 쓰세요.

1. We weren't able to stop laughing.

2. I am able to hear someone calling.

3, She'll get married to an Englishman.

4. Do you know when the plane will land?

5. "You'd better to hurry up," she shouted.

6. I'd rather prefer just to lie on the beach.

7. They rather violent films to romantic ones.

8. You better make sure you're not late again.

9. One man is able to destroy the whole world.

10. If you can't find her, she must hide somewhere.

11. I told her I would rather to go by train than to fly.

12. My friends warned me that I should better be careful.

13. He was pleased that he had not to look after the baby.

14. You need not blame yourself, Helen. It wasn't your fault.

15. The pupils mustn't go to the meeting if they don't want to.

16. The book was so fascinating wasn't able to stop reading it.

17. Do you think it is going to really solve game addiction problems?

18. By reading quickly, I could finish the book before the library closed.

19. Some wives earn a lot of money and so their husbands haven't to work.

20. People are not as careful as they must be and drop their litter in the streets.

21. Candidates had better answer all the questions in Part A and two questions in Part B.

22. There are so many places to visit in London that I'm not able to decide where to go.

23. As I've already mentioned, I could learn a great deal during the two years I spent in England.

24. A: When I've saved up enough money.

B: I'll buy a digital camera.

25. A: Have you got this tickets for the concert?

B: Yes. We'll go on Saturday.

ANSWERS

1. weren't able to stop→We couldn't stop laughing, 2. am able to→can, 3. 'll→'s going to, 4. will→is going to, 5. to hurry up→hurry up, 6. I'd rather prefer just to lie→I'd prefer just to lie 또는 I'd rather just lie, 7. They rather→They'd rather 또는 They prefer, 8. You better→You'd better, 9. is able to destroy→is capable of destroying, 10. must hide→must be hiding, 11. to go→go, 12. I should better→I had better, 13. had not to look after→didn't have to look after, 14. need not→mustn't, 15. mustn't→needn't, 16. wasn't able to stop→I couldn't stop, 17. is going to→will, 18. could finish→managed to finish, 19. haven't to work→don't have to work, 20. must be→should be, 21. had better→must, 22. I'm not able to→I can't, 23. could learn→was able to learn, 24. I'll→I'm going to, 25. 'll→'re going to

PART 4

시제

1 현재진행형의 특별한 쓰임새

2 시간이나 조건을 나타내는 절에서의 시제

1 현재진행형의 특별한 쓰임새

동사가 시간적으로 열두(12) 가지로 변신을 하는데 이 가운데 한 가지가 현재 진행형이다. 일반적으로 현재진행형은 현재에서 일정 기간에 걸쳐서 일어나고 있는 행위를 보여주기 위해 '…하는 중이다'라는 뜻으로 쓰이면서 'be 동사 현재(am, are, is)+일반동사 -ing'의 형태이다. 다음 예문들에서 보면 이런 점을 금방 알 수 있다.

① 말을 하는 순간에 진행 중인 그 무엇[동작]에 관해 이야기할 때

I am speaking for everyone in this department.

(저는 이 부서의 모든 분들을 대표하여 말씀을 드리고 싶습니다.)

② 현재쯤이지만 말하는 시점에 정확하지 않지만 진행 중인 그 무엇에 관해 이야기할 때

Tony is looking for a new job these days.

(요즈음 토니는 새로운 직장을 찾고 있다.)

③ 개발 중이거나 일시적인 상황에 관해 이야기할 때

Computers are becoming more and more important in our lives.

(컴퓨터는 우리의 삶에 있어서 점점 더 중요해지고 있다.)

그런데 이런 현재진행형의 쓰임새와 달리 쓰이는 경우가 있다. 다음 예에서 공통적으로 현재진행형이 쓰이고 있다.

첫째, 미래의 계획이나 일정이 이미 정해져 있는 경우 will 대신에 현재진행형을 쓴다.

둘째, now, at the moment, at the present, these days, nowadays와 today와 같

은 시간 표현과 더불어 사용할 때 현재진행형을 쓴다. 이런 시간 표현은 글의 처음이나 끝에 둘 수 있다.

셋째, always 또는 constantly와 같은 부사와 더불어 불평, 짜증스러움이나 지나치게 반복되는 버릇이나 행동을 표현할 때, '항상[늘] …하는' 뜻으로 현재진행형을 쓴다.

1) 첫째의 경우

Are you doing anything tonight?

(오늘 밤 너 무얼 할 거니?)

We're going to Paris next week.

(우리는 다음 주 파티에 간다.)

What are you doing this evening?

(오늘 저녁에 뭐 할 거니?)

We're getting married next December.

(우리는 다음 십이 월에 결혼할 것이다.)

Are you doing anything tomorrow evening?

(내일 저녁에 뭐 할 일 있니?)

A: Are you going to the party tonight?

B: I haven't decided yet.

(A: 오늘 밤에 파티에 갈 거니?

B: 난 아직 결정을 못했어.)

* 그런데 말하는 순간에 미래의 계획이나 일정이 정해지면 will을 쓴다.

How long will you be staying in Chicago?

(시카고에서는 얼마나 오래[얼마동안] 머무르실 건가요?)

2) 둘째의 경우

Where are you living now?

(지금 어디 사세요?)

The measles are going around at the moment.

(지금 홍역이 유행하고 있다.)

I can't help it, I'm just feeling so good right now.

(난 어쩔 수가 없어. 나 지금 기분이 너무 좋아서 말이야.)

These days, I'm using e-mail to keep in touch with my friends.

(요즈음 나는 친구들과 연락하기 위해 이메일을 이용하고 있다.)

I am making only a partial payment at the present time and will pay off the balance in installments.

(나는 지금은 일부만 지불하고 그리고 진금은 분할로 갚겠습니다.)

3) 셋째의 경우

She's always criticizing me.

(그녀는 항상 나를 책잡으려 들어.)

That phone's always ringing.

(저 놈의 전화는 늘 오리고 야단이야.)

Her husband is always playing around.

(그녀의 남편은 늘 바람을 피운다.)

You're always trying to start an argument.

(자넨 항상 언쟁을 벌이려 드는군.)

She's always trying to get something for nothing.

(그녀는 맨 날 뭘 거저 먹으려[가지려] 들어.)

2 시간이나 조건은 나타내는 절에서의 시제

미래에 일어나는 어떤 것에 관해 말을 할 때 종종 다음의 접속사와 더불어 미래나 미래완료 시제가 아닌 현재 시제를 쓴다. 여기에 해당되는 접속사가 대부분 시간이나 조건과 관련이 있다. 이런 경우 대부분 부사절에 해당되는 경우이다. 그렇지만 모양만 같다고 해서—주로 if, whether, when의 경우—모두 그렇게 되는 것은 아니다. 최종적으로 글의 뜻 또는 의미를 생각하는 것이 필요하다.

① 시간을 나타내는 접속사로는 after, as soon as, before, by the time, every time, immediately, once, the moment, until, when, whenever와 while 등이 있다.

By the time you get there the meeting will be over.

(당신이 거기에 도착할 시간[때]이면 그 회의는 끝날 것이다.)

We'll deliver the goods as soon as we can.

(가능한 한[최대한] 빨리 그 상품을 배달해 드리겠습니다.)

I'll phone you as soon as I arrive at the airport.

(내가 공항에 도착하자마자 자네에게 전화를 걸 게.)

Every time I ask her for a date, she says she is busy.

(내가 그녀에게 데이트를 신청할 때마다 그녀는 바쁘다고 말한다.)

Once you've made a few friends, you won't feel so lonely.

(일단 당신이 몇몇 친구를 사귀게 되면 당신은 그렇게 외롭지 않을 거예요.)

She doesn't want to buy a car until she's passed her driving test.

(그녀가 운전면허 시험에 통과하기까지 그녀는 자동차를 사지 않을 것이다.)

＊ 현재 대신에 현재완료를 쓰는 경우, 현재완료는 완성(완료)(a sense of completion)의 의미를 나타낸다.

You can ask for help whenever you need it.

([당신이] 필요할 때는[필요하면] 언제든지 도춤을 청할 수 있다.)

② 조건을 나타내는 접속사로는 if, whether, as long as, in case와 unless 등이 있다.

조건을 나타내는 접속사의 경우 if를 대신하는 표현도 이에 해당된다.

I'll only stay if you offer me more money.

(전 오직 당신이 돈을 더 주신다면 있겠어요.)

If Kate hears the news, she will be disappointed.

(케이트가 그 소식을 들으면 실망할 텐데.)

If I lived in the countryside, I would be much healthier.

(만약 내가 전원 지대에 산다면 훨씬 더 건강한 텐데.)

If we are to get there by six o'clock, we'll have to get a taxi.

(우리가 여섯 시까지 그곳에 도착하려면 택시를 타야 할 것이다.)

If a developing country is to become a developed country, it has to attract foreign investors.

(개발 도상국이 선진국이 되려면 외국 투자자들을 유치해야 한다.)

③ 조건을 나타내는 접속사로서 서 if를 대신하는 표현—as long as,, unless, what if 등—도 미래 대신에 현재 시제를 쓴다.

The plane should be taking off shortly, as long as there aren't any delays.

(지연이 없는 한 그 비행기는 얼마 안 있어 이륙해야 합니다.)

(a) what if

여기서 what if...?는 '...면 어쩌지[...라면 어떻게 될까]?'라는 뜻이다. 이와 같은 예문들은 다음과 같다.

What if the train is late?

(기차가 연착하면 어쩌지?)

What if she forgets to bring it?

(그녀가 그걸 잊고 안 가져오면 어쩌지[어떻게 될까]?)

What if the meeting time is delayed? Do all new employees attend then?

(모임 시간이 늦춰진다면 어떨까요? 그렇게 되면 모든 신입사원들이 참석할까요?)

* 보통 가정법 문제에서 제시된 문장처럼 의문문의 형태로 문장을 분리시킬 수 있다. 다음 예문을 살펴보면 이해할 수 있다.

If you come to the party, I'll go.

(만약 당신이 파티가 오면 저도 갈 게요.)

= Do you come to the party? Then, I'll go.

(당신이 파티에 올 거니? 그러면 저도 갈 게요.)

이와 같은 이유로 가정법의 조건절과 의문문은 서로 연관이 있는 것으로 보기도 한다.

I'll buy you an ice cream if I have enough money

(만약 나에게 돈이 충분히 있다면 아이스크림을 살 텐데.)

* 이 글은 실현 가능성이 있는 것을 나타낸다.

cf. I'd buy a new car if I had enough money.

(만약 나에게 돈이 충분하면 신차를 살 텐데.)

* 이 글은 실현 가능성이 희박하다는 것을 나타낸다.

If you have any questions concerning the revised tax law, connect to the accounting department.

(개정된 세법과 관련해서 질문이 있다면, 경리부로 연결하십시오.)

You won't get paid off for time off unless you have a doctor's note.

(의사의 진단서를 받지 않으면 근무하지 않은 시간에 대한 급여를 못 받는다.)

Unless I'm mistaken, she was back at work yesterday.

(내가 잘못 알고 있지 않는 한, 그녀는 어제 다시 출근을 했다.)

I sleep with the window open unless it's really cold.

(나는 날씨가 정말 추울 때 외에는 창문을 열어 놓고 잠을 잔다.)

Unless something unexpected happens, I'll see you tomorrow.

(무슨 예상치 못한 일이 생기는 경우 외에는 내가 내일 널 만나게 될 것이다.)

* 그런데 unless는 if ~not과 같은 뜻으로 '~하지 않는 한, ~이 아닌 한'이나 '~한 경우 [때] 외에는'이란 뜻이다.

① suppose: '(무엇이 사실이라고) 가정[상정]하다, 가령[만약] …이라고 하다'라는 뜻으로 쓰인다.

Suppose flights are fully booked on that day—which other day could we go?

(가령 그날 비행기 예약이 다 찼다면 우리가 다른 날은 언제 갈 수 있을까?)

Suppose he asked you on a date, then what?

(가령 그가 당신에게 데이트를 신청했다면, 그 때 어떠 했겠어요?)

Suppose Bobby really is telling the truth, what then?

Suppose you won the lottery, what would you do with the money?

② supposing: '만약 …라면'이란 뜻이다.

Supposing [that] you are wrong, what will you do then?

(만약 당신이 틀렸다면 당신은 어떻게 하겠어요?)

But Supposing he sees us?

(하지만 만약 그가 우리를 본다면 (어쩌지)?)

Supposing you fire three or four shots, at least one of them will hit the target.

Supposing we do buy the house, how much will our monthly payments be?

③ provided that...: '(만약) …라면'이란 뜻이다.

Provided that you have the money in you account, you can withdraw up to £100 a day.

(만약 당신 계좌에 돈이 들어 있으면 하루에 100파운드까지 인출할 수 있다.)

We'll buy everything you produce, provided of course the price is right.

(우리는 당신이 생산해내는 모든 것을 사겠어요. 물론 가격이 적절하다면 말입니다.)

Provided you pay me back by Friday, I'll lend you the money.

You can go out to play provided that you finish your homework first.

④ providing...: '(만약) …라면'이란 뜻이다.

I'll take the job providing I am given Saturdays off.

(토요일을 쉬는 날로 해준다면 그 일자리를 맡겠다.)

They'll have it built by November, providing we don't get an early snow.

(우리에게 일찍 눈이 온다면 그들은 십일 월까지 그것을 지을 텐데.)

It's a lot easier to get good marks on a short-answer question, providing you do it well.

Financiers are prepared to be generous, providing that it is not their own money they are spending.

⑤ as(so) long as: '~이기만[하기만] 하면'이란 뜻이다.

We'll go as long as the weather is good.

(우리는 날씨만 좋으면 갈 것이다.)

You can go as long as you're home for dinner.

(자네가 저녁 식사 하러 집에 있다면 갈 수 있어.)

So long as it does not rain, we can have a picnic.

My parents don't care what job I do as long as I'm happy.

⑥ (just) in case: '(혹시라도) (…할)경우에 대비해서'라는 뜻이다.

You'd better take the keys in case I'm out.

(내가 외출할지도 모르니까 네가 열쇠를 가져가는 게 좋을거야.)

In case you're wondering why Jo's here—let me explain.

(조가 왜 여기 있나하고 당신이 궁금해 할까 봐 내가 설명을 할게요.)

You should take a book with you in case you have to wait.

In case you missed the last program, here's a summary of the story.

⑦ assuming: '가령 …라면, …라고 가정하고'라는 뜻이다.

Assuming (that) he's still alive, how old would he be now?

(가령 그가 아직 살아 있다면 지금 몇 살이나 되었을까요?)

I hope to go to college next year, always assuming I pass my exams.

(난 내년에 대학에 가길 바래. 물론 내가 시험에 합격한다면 말이지.)

Assuming that he arrives on time, we can start our meeting soon.

Assuming your calculations are correct, we should travel northeast.

⑧ on (the) condition that...: '…한다는 (요구)조건으로'라는 뜻이다.

They agreed to lend us the car on condition that we returned it before the weekend.

(그들은 우리가 주말 전에 돌려준다는 조건으로 그 차를 빌려주겠다고 했다.)

They spoke on condition that their names would not be used in the article.

(그들의 이름들이 기사에 사용되지 않는다는 조건으로 그들은 말했다.)

Two employees agreed to speak to us on condition that they not be named.

Yes, we will renew the contract next year on the condition that we make money on the deal.

* 그런데 가끔 완료의 뜻(a sense of completion)을 나타내는 경우에는 현재 시제(단순현재 시제) 대신에 현재완료 시제를 쓰는 것도 가능하다.

I've been there once.

(나는 그 곳에 한 번밖에 안 가 보았다.)

Once you've made a few friends, you won't feel so lonely.

(한 번 네가 몇몇 친구를 사귀게 되면 넌 그렇게 외롭게 느끼지 않을 것이다.)

She doesn't want to buy a car until she's passed her driving test.

(그녀는 운전면허 시험을 통과하고 나서 자동차를 한 대 사고 싶다.)

* if, whether와 when으로 시작되는 절이 글의 목적어로 쓰이는 경우에는 will이 사용될 수 있다. 이 경우는 if, whether와 when이 이끄는 절이 부사절이 아니고 명사절로서 목적어 역할—절이 '~을[를]로 해석되는 경우—을 한다. won't는 will not의 줄임형이다.

I doubt if it'll help though.

(그게 도움이 될지는 나는 의문스럽습니다.)

I doubt if[whether] he will succeed.

(그가 성공할지 어떨지 나는 의심스럽다.)

I doubt whether David will still recognize me.

(데이비드가 여전히 날 알아볼 지 의문이다.)

I doubt if our proposal will satisfy their demand.

(우리의 제안이 그들의 요구를 만족시킬지 의문입니다.)

I doubt whether/if the new one will be any better.

(새 것이 조금이라도 더 나을지는 의문이다.)

I don't know when they'll be back.

(그들이 언제 돌아올지 나는 모르겠다.)

I don't know when I will go back to London.

(내가 언제 런던으로 돌아가게 될지 모르겠어.)

* 미래 시제의 꼴[형태]인 will이 의지의 개념(the idea of willingness)을 나타내는 경우에는 if ... will이 사용될 수 있다. 이 경우는 대개 will · would와 함께 쓰여 정중한 요청을 나타내면서 '…면'이란 뜻으로 쓰인다.

What are you going to do if she won't help you?

(만일 그녀가 당신을 도와주지 않으면 당신을 무얼 할 건가요?)

If you'll take a seat for a moment, I'll tell Mr. Fox you're here.

(만약 당신이 잠시 동안 앉아있으면 나는 당신이 여기 계신다고 폭스 씨께 말씀드릴게요.)

If you will sit down for a few moments, I'll tell the manager you're here.

(당신이 잠깐만 앉아 계시면 매니저님께 당신이 여기 계신다고 말씀드리겠어요.)

If you would care to leave your name, we'll contact you as soon as possible.

(성함을 남겨 주시면 가능한 한 빨리 연락드리겠습니다..)

익힘문제

I. 다음 괄호 안에 들어갈 적당한 것을 고르세요.

1. I'll bring some sandwiches in case we (   ) anywhere decent to eat.

(A) don't find (B) won't find (C) didn't find (D) haven't find

2. If the antibiotics (   ) by the end of the week, I'll go to the hospital.

(A) help ⓑ don't help (C) weren't helped (D) hadn't helped

3. As soon as you (   ) the customs area, you'll be met by a representative of the company holding a board with your name on it.

(A) exit (B) will exit (C) are exiting (D) can exit

II. 다음 글에서 틀린 부분이 있으면 고쳐 쓰세요.

1 We will have a party next weekend.

2 When I'll return home, I'll look for a better job.

3 It it will rain, I'll come and meet you in the car.

4 After you will leave, we will write to you every day.

5. Who will look after the children while you will be at work?

6. Whenever you'll hear about this place, you'll want to come back.

7 If a developing country will become a developed country, it has to attract foreign investors.

8. If you had any questions concerning the revised tax law, connect to the accounting department.

9. A: When are you getting married?

B: We'll get married next month.

10. A: What will you do tomorrow evening?

B: I'm going to the theater.

Ⅲ. 다음 영어로 된 글에서 괄호 안에 있는 낱말로 글을 완성하세요.

1. Unfortunately, I don't have a pet, but if I __________ (have) a pet, I __________ (have) a dog.

2. My sister is not a good student. If she __________ (study) harder, she __________ (pass) her exams.

3. I think I'm going to buy a new car. If I __________ (buy) a car, I __________ (drive) over to my parents' house.

Ⅳ. 다음 영어로 된 글에서 현재진행형이 쓰인 이유를 설명하세요.

1. Jean's with us at the moment. The children are loving having her here.

( )

2. I'm understanding physics much better now that Mr. Davies is teaching us. She is intending to talk to Tony about the idea, but she doesn't get the opportunity.

( )

ANSWERS

Ⅰ. 1. (A), 2. (B), 3. (A)

Ⅱ. 1. will have→are having, 2. When I'll return home→When I return home, 3. will rain→rain, 4 will leave→leave 또는 have left, 5. Answer: will be→are, 6. you'll hear→you hear, 7. will become→is to become, 8. had→have, 9. we'll get→we're getting, 10. will you do→are you doing

Ⅲ. 1. had / 'd have, 2. studied / would pass, 3. bought / would drive,

Ⅳ. 1. 어떤 상황이 일시적인 것이거나 현재 근처에서 일정한 시간 동안을 강조할 때는 상태 동사라 할지라도 진행형을 쓸 수 있다. 여기에 해당되는 동사는 attract, like, look, love, sound 등이다.

2. 일어나고 있거나 변하고 있는 어떤 것을 묘사할 때에는 진행형을 쓸 수 있다.

PART 5

명사

1 no doubt와 without doubt의 차이

2 셀 수 없는 명사와 셀 수 있는 명사

1 no doubt와 without doubt의 차이

no doubt와 without doubt는 같은 뜻으로 보이지만 사실상 쓰임새에 있어서 차이가 있다.

<no doubt의 경우>

no doubt는 사전상으로 '의심할 바 없이, 확실히, 물론'이라고 되어 있지만 사실상 '아마 (...일 것이다)'(=I expect 또는 I suppose)라는 뜻이다.

No doubt you would like a drink

(당신은 뭐 마실 것을 드시겠지요.)

I have no doubt that it will snow.

(내 생각으로 아마 눈이 내릴 것이다.)

I have no doubt that you are able to do it.

(나는 당신이 그것을 할 수 있을 것으로 생각된다.)

No doubt she'll call us when she gets there.

(그녀가 거기에 도착하면 아마 우리에게 전화를 할 것이다.)

There is no doubt at all that we did the right things.

(우리가 정말 옳은 일을 한 것으로 생각된다.)

<without doubt의 경우>

without/beyond doubt는 '의심할 여지없이, 확실히, 의심할 바 없이 '(=I firmly believe this to be true.)라는 뜻이다. without doubt는 의견[견해](opinions)나 판단 (judgements)과 관련되어 사용된다.

She is without doubt one of the kindest women you'll ever meet.

(그녀는 확실히 당신이 지금까지 만나 본 여성 가운데 가장 친절한 사람 가운데 한 사람이다.)

He is without doubt the most successful movie director in the world.

(그는 의심할 여지없이 세계에서 가장 성공한 영화 감독이다.)

Without doubt, Choo Shin-Soo is a highly valuable player in the Major Leagues.

(의심할 여지 없이, 추신수는 메이저 리그에서 꽤 가치 있는 선수이다.)

This meeting has been, without doubt, one of the most useful we have had so far.

(이번 회의는 의심할 여지없이 지금까지 우리가 했던 가장 유익한 회의 가운데 하나였다.)

Without doubt, in many important respects, China is very demonstratively a capitalist society.

(의심할 바 없이, 여러 가지 중요한 측면에서, 중국은 아주 명백한 자본주의 사회다.)

no doubt는 without doubt 및 beyond doubt와 거의 같은 뜻으로 쓰인다.

That he was in error was beyond doubt.

(그가 틀렸다는 것은 의심할 여지가 없었다.)

I know beyond doubt they will meet again.

(나는 그들이 다시 만날 거라는 걸 의심할 여지없이 알고 있어요.)

The research showed beyond doubt that smoking contributes to heart disease.

(그 연구는 흡연이 의심의 여지없이 심장병의 원인이 됨을 보여 주었다.)

그런데 without doubt와 비슷한 뜻인 of course는 '(자기 말이 사실이거나 옳음을 강조하여) 물론'이나 '(상대방이 하려는 일을 정중히 허락하여) 그럼(요)'라는 뜻으로 주로 쓰인다. of course는 말하는 내용이 놀라운 것이 아니거나, 일반적으로 알려져 있거나 받아들여지는 것임을 나타내기 위해 쓰인다. 그러니까 of course는 어떤 사실이나 일반적으로 동의하는 어떤 것을 언급할 때(when you mention a fact or something that is generally agreed.) 쓰인다.

Mrs. Teacher is no longer in charge, of course.

(티처 여사는 물론 이제 더 이상 담당하고 있지 않아요.)

A: Don't you like my mother?

B: Of course I do!

(A: 당신 우리 엄마 좋아하지 않아요?

B: 물론 좋아하지!)

A: Can I have one of those pens?

B: Of course—help yourself.

(A: 저 팬들 하나 써도 될까요?

B: 그럼요. 쓰세요.)

2 셀 수 없는 명사과 셀 수 있는 명사의 뜻이 다른 경우

셀 수 없는 명사(uncountable noun)와 셀 수 있는 명사(countable noun)의 경우 뜻이 달라지는 경우가 있다. 그리고 셀 수 있는 명사이지만 복수가 되면 뜻이 달라지는 경우가 있다.

1) 셀 수 없는 명사와 셀 수 있는 명사 둘 다 가능한 경우

같은 낱말 형태인데도 셀 수 없는 명사와 셀 수 있는 명사가 되면서 뜻이 달라지는 것들이 있다. 다음에서 U는 셀 수 없는 명사를, C는 셀 수 있는 명사를 나타낸다.

① beauty (U) – The woods were designated an area of outstanding natural beauty.
(그 숲은 뛰어난 자연의 아름다움을 간직한 곳으로 선정되었다.)
* beauty: 아름다움, 미

beauty (C) - She had been a beauty in her day.
(그녀는 한창 때는 미인이었었다.)
* a beauty: 미인, 아름다운 것, 멋진 점, 장점

② business (U) – Is this trip to Rome business or pleasure?
(로마 여행은 출장이세요 아니면 관광차 가세요?)
* business: (직장의) 일, 업무, 사업, 상업, 장사

business (C) - They've got a small catering business.
(그들은 작은 음식 조달 업체를 하나 갖고 있다.)
* a business: 사업체(회사 · 가게 · 공장 등)

③ chicken (U) – We had fried chicken for dinner.
(우리는 저녁으로 튀긴 닭고기를 먹었다.)
＊ chicken: 닭고기

chicken (C) - They keep chickens in the back yard.
(그들은 뒷마당에 닭을 기른다.)
＊ a chicken: 닭

④ coffee (U) – Let's talk over coffee.
(커피를 마시면서 얘기하죠.)
＊ coffee: 커피(콩이나 가루)

coffee (C) - Three black coffees, please.
(진한 블랙커피 세 잔 주세요.)

⑤ country (U) – I like wooded country.
(나는 숲이 울창한 지역을 좋아한다.)
＊ (특정한 특징이 있는) 지역[고장]

country (C) - She didn't know what life in a foreign country would be like.
(그녀는 외국에서의 삶은 어떨지 몰랐다.)
＊ a country: 국가, 나라

⑥ damage (U) – The earthquake caused damage to property estimated at $6 million.
(그 지진으로 인해 육백만 달러로 추정되는 재산 피해가 발생했다.)

* damage: 손상, 피해, 훼손, 악영향

damage (C) - He was ordered to pay damages totalling $ 20,000.

(그는 총 이만 달러의 손해 배상금을 지불하라는 명령을 받았다.)

* damages: 손해 배상금

⑦ experience (U) – Do you have any previous experience of this type of work?

(이런 종류의 일에 사전 경험이 있나요?)

* experience: (지식과 기능을 쌓게 되는) 경험[경력], (어떤 일을 실제로 겪거나 당한) 경험

experience (C) - Living in Africa was very different from home and quite an experience.

(아프리카에 사는 것은 집에서 살 때와는 아주 달랐고 이색적인 체험이었다.)

* a experience: (개인적으로 영향을 주는) 일, 체험, 경험

⑧ glass (U) – I cut myself on a piece of broken glass.

(나는 깨진 유리 조각에 베였다.)

* glass: 유리

glass (C) - He drank three whole glasses.

(그는 잔을 가득 채워서 석 잔을 마셨다.)

* a glass: (유리) 잔

⑨ hair (U) – Where do you go to have your hair cut?

(당신은 어디에 머리 깎으러 갑니까?)

* hair: 머리, 사람의 머리위에 있는 전체 머리칼

hair (C) - Stand still and I'll brush the hairs off your jacket.

(가만히 서 계세요. 저가 당신의 상의에서 머리칼을 털어내 드릴 게요.)

* a hair: (머리)털, 털, 머리칼 하나나 여러 개의 개인의 머리칼

⑩ light (U) – The light was beginning to fail.

(햇살이 스러지기 시작하고 있었다.)

* light: (해 · 전등 등의) 빛, 광선, 빛살

light (C) - Suddenly all the lights went out.

(갑자기 불[전기]이 다 나가[꺼져] 버렸다.)

* a light: (특히 전깃) 불, (전)등, 발광체

⑪ paper (U) – She wrote her name and address on a slip of paper.

(그녀가 종이쪽지 하나에 자기 이름과 주소를 적었다.)

* paper: 종이

paper (C) - I read about it in the paper.

(나는 신문에서 그것에 대해 읽었다[봤다].)

* a paper: 신문

⑫ pity (U) – I could only feel pity for what they were enduring.

(나는 그들이 견디고 있는 것에 대해 연민만 느낄 수 있을뿐이다.)

* pity: 연민, 동정(심)

pity (C) - It's a pity that you can't stay longer.

(네가 더 오래 있지 못한다니 안됐다.)

* a pity: (실망을 나타내는 표현에 쓰여) 유감[안된 일/애석한 일]

⑬ pleasure (U) – It gives me great pleasure to introduce our guest speaker.

(저희의 초대 연사를 소개드리게 되어 대단히 기쁩니다.)

* pleasure: 기쁨, 즐거움

pleasure (C) - It's a pleasure to meet you.

(뵙게 되어 반갑습니다.)

* a pleasure: 기쁜[즐거운] 일

⑭ stone (U) – Most of the houses are built of stone.

(그 집들은 대부분 돌로 지어져 있다[석조이다].)

* stone: 돌, 석조, 석재(石材)

stone (C) - Some children were throwing stones into the lake.

(아이들 몇 명이 호수에 돌을 던지고 있었다.)

* a stone: 돌멩이, (작은) 돌

⑮ television (U) – What's on television tonight?

(오늘 밤 텔레비전에서 뭐 하지[텔레비전 프로가 어떤 게 있지]?)

* television: 텔레비전

television (C) - We bought a new television yesterday.

(우리는 어제 텔레비전을 한 대 샀다.)

∗ television: 텔레비전 한 대

⑯ time (U) – As time went by we saw less and less of each other.

(시간이 지나면서 우리는 서로를 점점 덜 보게[만나게] 되었다)

∗ time: 시간[시/시각]

times (C) - He failed his driving test three times.

(그가 운전 시험에 세 번 떨어졌다.)

∗ times: 배(倍), …곱, 배가 되는, (어떤 일을 하는 · 일이 있는) 때 [번])

⑰ wine (U) – Would you like some wine?

(포도주 좀 드시겠어요?)

∗ wine: 포도주, 와인

wine (C) - France produces some wonderful wines.

(프랑스는 몇 가지 훌륭한 와인 종류를 생산한다.)

∗ wines: 포도주[와인] 종류

⑱ work (U) – I'm still looking for work.

(나는 아직 직장[일자리]을 구하고 있다.)

∗ work: 일, 직장, 직업

work (C) - Shakespeare left many magnificent works.

(셰익스피어는 많은 걸작을 남겼다.)

∗ a work: 작품(책; 음악 작품; 그림 등)

2) 명사의 단수에 –s가 붙어서 단수의 기본 뜻과 달라지는 명사

arms(무기)
ashes(유골)
colors(깃발, (어떤 단체의) 상징색)
customs(관세, 세관)
damages(배상금)
earnings(소득, 수입)
goods(상품, 물품, 물건)
letters(학문)
guts(내장, 뱃장)
manners(예의, 관습)
means(재산, 수입)
outskirts(교외)
odds(승산, (어떤 일이 있을) 가능성)
particulars(명세서)
pains(수고, 고생, 노고)
premises(가옥, 구내)
regards(문안 인사, 안부[의 말])
savings(저금)
valuables(귀중품)
wages(임금[급료]) 등

The odds are heavily against him.

(그가 성공할 공산이 매우 낮다.)

People should pay according to their means.

(사람들은 자신의 수입[재력]에 따라 지불해야 한다.)

No alcohol may be consumed on the premises.

(구내에서는 음주를 할 수 없습니다.)

Give your brother my regards when you see him.

(당신 오빠[형님/남동생] 만나면 제 안부 전해 주세요.)

There are extra benefits for people on low wages.

(저임금을 받는 사람들에 대해서는 추가 수당이 있다.)

Police officers in the UK do not usually carry arms.

(영국에서는 경찰들이 보통 무기를 휴대하지 않는다.)

Never leave cash and or other valuables lying around.

(현금이나 귀중품을 절대 아무데나 놓아두지 마시오.)

Most building had a flagpole with the national colors flying.

(대부분의 건물들에는 휘날리는 국기가 달린 깃대가 있었다.)

At work, people produce goods and services that society demands.

(직장에서, 사람들은 사회가 요구하는 상품과 용역을 생산한다.)

She was at great pains to stress the advantages of the new system.

(그녀는 그 새 시스템의 장점을 강조하는 데 많은 공을 들였다.)

익힘문제

1. 다음 글에서 틀린 부분이 있으면 고쳐 쓰세요.

1. She's a real beauty.

2. My father goes to a work by car.

3. She was awarded $3,000 in damage.

4. I had strange experience yesterday.

5. It is great pity that he died so young.

6. I can't read or write without my glass.

7. She wrapped the book in green papers.

8. Without doubt you could do with a drink.

9. His sweet temper was pleasure to everyone.

10. Without doubt you're tired after your journey.

11. I don't have a problem with business on campus.

12. If people go away on holiday, no one looks after the chicken.

13. Another reason for getting married is without doubt to have children.

14. He is no doubt one of the greatest composers the world has ever known

15. The recovery of the Mary Rose is, no doubt, a great scientific achievement.

Ⅱ. 다음 영어로 된 글을 한글로 옮기세요.

1. A light burned.

____

2. Two coffees, please.

____

3. A few hairs fell out.

____

4. Would you like some coffee?

____

5. She wore ribbons in her hair.

____

6. Light travels faster than sound.

____

7. Time will take care of the rest.

____

8. Four times three is[equals] twelve.

____

9. Some people even collect strange-looking stones.

____

10. The White House in the U.S. was built out of Croatian stone.

____

ANSWERS

I. 1. real beauty→a real beauty, 2. a work→work, 3. damage→damages, 4. strange experience→a strange experience, 5. great pity→a great pity, 6. glass→glasses, 7. papers→paper, 8. Without doubt→No doubt, 9. pleasure→a pleasure, 10. Without doubt→No doubt, 11. business→businesses, 12. chicken→chickens, 13. without doubt→of course, 14. no doubt→without doubt, 15. no doubt→without doubt,

II. 1. 등불이 켜져 있다. 2. 커피 두 잔 주세요. 3. 머리카락이 몇 개 빠졌다. 4. 커피 드시겠어요? 5. 그녀는 머리에 리본을 달고 있었다. 6. 빛은 소리보다 빨리 전달된다. 7. 나머지는 시간이 해결해 줄 것이다. 8. 사 곱하기 삼은 십이이다. 9. 어떤 사람들은 이상하게 생긴 돌을 모으기도 합니다. 10. 미국의 백악관은 크로아티아의 돌로 지어졌다.

PART 6

대명사

1 neither와 none의 차이

2 most의 다양한 쓰임새

3 관계대명사 that의 색다른 쓰임새

1 neither와 none의 차이

neither는 '어느 것도 아니다'라는 뜻으로, none은 '아무[하나도] (…않다[없다]' 라는 뜻으로 겉으로 보기에는 같은 또는 비슷한 것으로 보인다. 그렇지만 이 둘은 조금 더 들여다 보면 쓰임새에 있어서 차이가 있다.

neither는 두 사람이나 두 개의 사물의 경우에 쓰고, none은 세 사람 및 사물이나 그 이상의 사람이나 사물에 쓴다.

〈neither의 경우〉

Neither of them has/have a car.
(그들 가운데 누구도 차를 갖고 있지 않다.)
Neither Father nor Mother is at home.
(아버지도 집에 안 계시고 어머니도 안 계십니다.)
The sales assistant was neither friendly nor helpful.
(그 판매 조수는 친절하지도 도움이 되지도 않았다.)
They produced two reports, neither of which contained any useful suggestions.
(그들이 두 가지 보고서를 만들어냈지만, 그 가운데 어느 것도 무슨 유용한 제안을 담고 있지 않았다.)

A: Which do you like?
B: Neither, I think they're both ugly.
(A: 어느 쪽이 마음에 드니?
B: 둘 다 안 들어. 그들 둘 다 못생겼어.)

neither는 둘 다 부정하면서 보통 다음에 nor가 나온다. 단, '(둘 가운데) 어느 하나 [것](의)라는 뜻을 갖고 있으면서 둘 가운데 하나를 선택하는 either인 경우에는 보통 either 다음에 or가 온다.

Either go out or come in.

(나가든 들어오든 하시오.)

Either you or she is to go.

(당신이든 그녀든 어느 쪽이 가야 한다.)

You can either come with me or wait here.

(당신은 나와 함께 가거나 여기서 기다리거나 할 수 있어요.)

* neither나 neither ... nor ... 다음에 오는 동사는 부정형이 아닌 긍정형이다.

He can neither sleep nor eat.

(그는 잘 수도 먹을 수도 없다.)

Neither applicant had the right qualifications.

(지원자 어느 누구도 적당한 자격[자질/능력]을 갖고 있지 않았다.)

He decided neither to advance nor to retreat.

(그는 전진도 후퇴도 하지 않기로 결심했다.)

* neither+단수명사 다음에는 동사가 단수형이다. neither of+복수명사 다음에는 조심스런 사용자인 경우에는 단수동사를 쓰기도 하고, 격식을 차리지 않는 경우에는 복수동사를 쓰기도 한다.

Neither answer is correct.

(어느 대답도 옳지 않다.)

Neither player wants a transfer.

(어느 선수도 이적을 원하지 않는다.)

Neither candidate was selected for the job.

(그 일자리에는 (그 두 사람 가운데) 어느 지원자도 선발되지 않았다.)

Neither of the boys likes/like it.

(두 소년 가운데 누구도 그것을 좋아하지 않는다.)

Neither of the players wants/want a transfer.

(선수들 가운데 어느 누구도 이적을 원하지 않는다.)

Neither of my parents speaks/speak a foreign language.

(우리 부모님은 어느 분도 외국어를 하지 않으신다.)

〈none의 경우〉

None of these pens works/work.

(이 펜들이 하나도 안 나온다.)

Tickets for Friday? Sorry we've got none left.

(금요일 표 말씀이신가요? 죄송하지만 한 장도 안 남았어요.)

We have three sons but none of them lives/live nearby.

(우리는 아들이 셋인데 그 가운데 한 명도 가까이 살지 않는다.)

We saw several houses but none we really liked.

(우리가 집을 몇 군데 봤지만 하나도 진짜 마음에 들지 않았다.)

He told me all the news but none of it was very exciting.

(그가 나에게 소식을 전부 다 말해 주었지만 하나도 별로 신나지가 않았다.)

2 most의 다양한 쓰임새

most는 대명사로 '최대[최고]의, 가장 많음[많은], 대부분[의]'의 뜻, 부사로 '가장, 가장 (많이), 최고로, 대단히, 극도로, 완전히'라는 뜻과 '거의'라는 뜻으로 쓰인다. most는 many, much나 a lot of의 최상급으로 쓰이는 경우가 많고, 보통 이음절 이상으로 된 형용사나 부사의 최상급을 만드는데 쓰인다.

<most가 대명사로 '최대[최고]의, 가장 많음[많은]'의 뜻으로 쓰이는 경우>

이 경우 일상적인 영국영어에서는 the를 생략할 수 있다.

Who are the most?

(누가 가장 많이 먹었지?)

The director has the most to lose.

(감독이 잃을 것이 가장 많다.)

I spent most time on the first question.

(나는 첫 문제에 시간을 가장 많이 들였다.)

She had the most money of all of them.

(그녀는 그들 모두 가운데에서 가장 많이 돈을 갖고 있었다.)

Who do you think will get (the) most votes?

(누가 최고 득표를 할 것으로 생각하십니까?)

<most가 대명사로 '대부분(의)'(=nearly all)라는 뜻으로 쓰이는 경우>

이 경우는 the most를 쓰지 않고 most만 쓴다.

I like most vegetables.

(나는 대부분의 채소를 좋아한다.)

Most classical music sends me to sleep.

(고전 음악은 대부분이 나를 졸리게 한다.)

Most of the people I had invited turned up.

(내가 초대한 사람들 대부분이 모습을 보였다.)

As most of you know, I've decided to resign.

(여러분 대부분이 아시다시피 전 사직하기로 했습니다.)

There are thousands of verbs in English and most (of them) are regular.

(영어에는 동사가 수천 개가 되는데 (그 중) 대부분이 규칙 동사이다.)

<most가 부사로 '가장, 가장 (많이), 최고로, 대단히, 극도로, 완전히'라는 뜻으로 쓰이는 경우>

이 경우 일상적인 표현에서는 the가 흔히 생략된다.

This is the most frequently reason.

(이것이 가장 자주 언급되는 이유이다.)

It was what she wanted most of all.

(그것은 그녀가 무엇보다도 가장 원하던 것이었다.)

It was most kind of you to meet me.

(저를 만나 주셔서 대단히 고맙습니다.)

This reason is mentioned most frequently mentioned reason.

(이유가 가장 자주 언급된다.)

It was the people with the least money who gave most generously.

(가장 후하게 돈을 낸 사람들은 바로 가장 돈이 없는 사람들이었다.)

* most 뒤에 부사만 나올 때에는 the를 쓰지 않는다.

<most가 미국에서 격식을 차리지 않으면서 '거의'라는 뜻으로 쓰이는 경우>

I go to the store most every day.

(나는 거의 매일 그 상점에 간다.)

This is because most of my classmates are really nice.

(이런 것은 거의 모든 반 친구들이 친절하기 때문이야.)

Honesty is a character we can rarely see in most entertainers.

(솔직함은 우리가 대부분의 연예인들에게서 거의 볼 수 없는 특징이다.)

* (the) most는 한 사람이나 물건을 다른 모든 사람이나 물건과 비교를 할 때 사용한다.

She has the most friends of all.

(그녀는 전체 가운데 친구가 가장 많다.)

It is the most famous Christmas tree in the U.S.

(그것은 미국에서 가장 유명한 크리스마스 나무입니다.)

This is the most ridiculous excuse I've ever heard.

(이번 경우는 내가 지금까지 들어본 것 가운데 가장 말도 안 되는 변명이다.)

그런데 두 사람들이나 두 사물들을 비교할 때는 (the) more를 사용한다.

He eats more fish than meat.

(그는 고기보다 생선을 많이 먹는다.)

He has more ability than his father.

(그는 아버지보다 재능이 있다.)

Which is (the) more expensive — an ALR or an IBM?

(에엘알과 아비엠 가운데 어느 것이 더 비싸지?)

그런데 at (the) most는 '많아 봐야[기껏해야], 고작; …에 지나지 않는'라는 뜻으로 쓰 인다.

There were 50 people there, at the very most.

(거기에는 사람들이 아무리 많이 잡아도 오십 명밖에 없었다.)

At the most, twenty children will go on the hike.

(고작해야 이십 명의 아이들이 도보여행에 갈 것이다.)

As a news item it merits a short paragraph at most.

(그것은 뉴스 항목으로서 기껏해야 짧은 단락 하나를 할애할 정도밖에 안 된다.)

〈a most가 '아주, 매우'라는 뜻으로 쓰이는 경우〉

He seems a most unlikely candidate for the job.

(그는 그 일자리에 아주 예상 밖의 후보자인 것 같다.)

Her skirt rode up her thighs in a most enticing way.

(그녀의 스커트는 대단히 매혹적이게 허벅지까지 치켜 올라갔다.)

I would like to extend a most cordial welcome to you all.

(저는 여러분을 온 마음으로 환영합니다.)

There's a most incredible young person here waiting to see you.

(선생님을 만나러 아주 젊은 아가씨가 여기 와 있습니다.)

The Mongols have a long prehistory and a most remarkable history.

(몽골인들은 선사시대 이전의 긴 역사와 매우 놀라운 역사를 갖고 있다.)

3 관계대명사 that의 색다른 쓰임새

관계대명사는 한 개의 글에서 앞에 있는 구성 요소와 뒤에 있는 구성 요소를 이어주는 역할(접속사 역할)과 앞에 나온 구성요소 가운데 그 무엇을 대신 나타내는 역할(대명사 역할)을 한다. 일반적으로 우리가 이야기하고자 하는 사람이나 사물에 관해 정확하게 이야기하기 위해 관계절을 사용한다. 관계절은 보통 관계대명사인 who/whose/whom, which/whose, that과 what 등에 의해 소개된다.

이런 관계대명사는 관계대명사 앞에 놓이는 낱말의 특징—사람(who/whose/whom), 사물(which/whose), 사람 또는 사람 모두(that)—과 앞에 놓이는 낱말이 없는 경우(what)에 따라 각각의 쓰임새가 다르다.

관계대명사 that는 that 앞에 놓이는 것[선행사]가 사람이나 사물 모두를 둘 수 있다.

that는 사람과 사물을 꾸며주는 형용사절을 이끄는 관계대명사이다. 목적격의 경우 흔히 생략되는 경우가 많다.

1) 사람과 관련된 경우

① 주어 자리에 쓰이는 경우

Who was it that won the US Open?

(전미 오픈 대회 우승은 누가 했나요?)

Step hard on all those people that harassed you.

(자네를 괴롭힌 인간들 다 밟아 줘.)

② 목적어 자리에 쓰이는 경우

He is the only man (that) I love.

(그는 내가 사랑하는 오직 한 사람입니다.)

The people (that) I spoke to were very helpful.

(내가 이야기를 나눠 본 그 사람들은 아주 도움이 많이 되었다.)

2) 사물과 관련된 경우

① 주어 자리에 쓰이는 경우

Where's the letter that came yesterday?

(어제 온 그 편지 어디 있니?)

Luck is something that comes in many forms.

(행운은 여러 가지 형태로 오는 법이다.)

It is a paint for skin that works like a bandage.

(그것은 밴드처럼 작용하는 피부를 위한 페인트입니다.)

② 목적어 자리에 쓰이는 경우

What was that (that) you wanted?

(네가 바라는 게 뭐였지?)

It's the best novel (that) I've ever read.

(그것은 내가 지금까지 읽어 본 것 가운데 최고의 소설이다.)

Every point that you do not challenge makes your opponent's argument stronger.

(당신이 이의를 제기하지 않는 모든 의견은 당신의 상대편의 주장을 더욱 강하게 만듭니다..)

* 구어영어나 비격식체 문어 영어에서는 that가 동사의 목적어이거나 전치사와 함께 쓰일 때는 거의 언제나 생략된다.

We moved here the year (that) my mother died.

(우리는 우리 어머니께서 돌아가시던 그 해에 여기로 이사를 했다.)

The watch (that) you gave me keeps perfect time.

(네가 내게 준 그 시계는 시간이 아주 정확하게 가.)

⇨ 생략

* that 대신에 for which는 쓸 수 있으나, for that을 쓸 수 없다. 그러니까 전치사가 쓰이는 경우에는 일반적으로 동사 다음에 그대로 남겨두어야 한다.

The house that we lived <u>in</u> was huge.

(우리가 살았던 그 집은 컸다.)

The people that I spoke to were very helpful.

내가 이야기를 나눠 본 그 사람들은 아주 도움이 많이 되었다.)

* 명사나 대명사가 관계절의 주어인 경우 관계절 대신에 분사절을 사용할 수 있다.

The family that lives next door is very friendly.

(= The family living next door is very friendly.)

(이웃에 살고 있는 그 가족은 아주 친절하다.)

* 그런데 선행사가 all, everything과 anything인 경우, 그리고 최상급, 서수, the very와 the only 등의 다음에는 that을 쓰거나 that을 생략하고 쓴다. 그런데 이것들 다음에 what은 쓸 수 없다.

It was all that I had.

(그것은 내가 가지고 있던 전부였다.)

The principle, may apply to all that require proficiency.

(그 원칙은 숙련도를 요구하는 모든 일에 적용될 수 있다.)

All that matters is whether they will get the job done.

(중요한 것은 그들이 그들의 임무를 해 낼 수 있는지에 관한 것이다.)

I completely disagree with everything that Henry has said.

(나는 헨리가 말한 모든 것에 완전히 반대한다.)

You can't experience everything that happens in the world.

(당신은 세상에서 일어나는 모든 일들을 경험 할 수는 없습니다.)

The group showed everything that they prepared for the concert.

(그 그룹은 그들이 연주회를 위해 준비했던 모든 것을 보여주었다.

Is there anything that I can do to help you?

(내가 당신을 도와 줄 일 없어요?)

Is there anything that scares and bothers you?

(당신을 겁먹게 하거나 괴롭게 만드는 것이 있는가?)

I have a strong will to achieve anything that I plan.

(저는 계획하는 것을 무엇이든 성취하고자 하는 강한 의지가 있습니다.)

She is the most beautiful woman that I have ever met.

(그녀는 내가 만난 사람 중 가장 아름다운 여자다.)

This is the most important thing that you need to look into.

(이것이 당신이 조사해 볼 필요가 있는 제일 중요한 것입니다.)

What is the most important thing that you look for in a girl?

(당신은 여자의 어떤 점을 제일 중요하게 봅니까?)

The first thing that I noticed is that he has bad BO.

(제일 먼저 알아차린 점은 그에게 아주 고약한 냄새가 난다는 거야.)

One of the first things that British attempted was the organization of the interior.

(영국이 먼저 시도한 일 가운데 하나는 내부를 잘 조직하는 일이었다.)

The first thing that appeals to me is the thought that she is trying to make me happy.

(제가 관심을 끄는 첫 번째 것은 그녀가 저를 행복하게 하려는 생각이에요.)

That's the very thing that I need.

(그것이 내가 필요로 하는 바로 그것이다.)

It's the very thing that I've been looking for.

(내가 찾고 있던 건 바로 이거다.)

You are assuming the very thing that you are trying to prove.

(당신은 당신이 입증하고자 하는 바로 그것을 상정하고 있다.)

The only country that Portugal borders on is Spain.

(포르투갈과 국경을 접하는 유일한 나라는 바로 스페인입니다.)

My grandma regards food as the only thing that bonds people.
(할머니께서는 음식을 사람들을 결합시키는 유일한 것이라고 생각하신다.)
The only people who live in the Antarctic today are whalers and scientists.
(오늘날 남극대륙에서 살고 있는 유일한 사람들은 고래 잡는 사람들과 과학자들뿐입니다.)

익힘문제

1. 다음 글에서 틀린 부분이 있으면 고쳐 쓰세요.

1 This is not something which just happens.

2. Everyone probably has most memorable scene.

3. I have neither studied the language nor the culture.

4. Breakfast is arguably most important meal of the day.

5. Both girls are clever but Edna is the most intelligent.

6. This technique looks easy, but it most certainly is not.

7. The most of the damage has been caused by acid rain.

8. I checked the essay for mistakes but I couldn't fine none.

9. Inside the examination room we could neither smoke or talk.

10. Neither John's father nor mine couldn't understand the problem.

11. Say the first thing which pops into your head, even if it's total gibberish.

12. The most parents are willing to spend a lot of money on their child's education.

13. I told the police officer that in my opinion none of the two drivers was responsible.

14. Where I come from, the most teachers have to teach at two schools in order to earn enough.

15. Water is a very important substance, so anything which increases its availability is a good thing.

II. 다음 괄호 안에 most 또는 most of the를 넣으세요..

1. __________ cars are expensive.
2. __________ people talk to themselves.
3. I know __________ people in our village.
4. I understand __________ words in this book.
5. She's very friendly: she gets on well with __________ people.

Ⅲ. 다음 영어로 된 글을 한글로 옮기세요.

1. Most believe the rumor is true.

____

2. I have a most agonizing headache.

____

3. We have the most fun on Sundays.

____

4. Most of the students live on campus.

____

5. Most exercise is[Most forms of exercise are] good for the health.

____

ANSWERS

Ⅰ. 1. which→that, 2. most→a most, 3. neither studied→studied neither, 4. most→the most, 5. the most→(the) more, 6. a most→most, 7. The most→Most, 8. none→any, 9. or→nor, 10. couldn't→could, 11. which→that, * 이 글은 '딱 하고 떠오르는 첫 번째 것을 말해보는 거야. 횡설수설이라도 괜찮아.'라는 뜻이다. 12. The most→ Most, 13. none→neither, 14. the most→most, 15. which→that

Ⅱ. 1. Most, 2. Most, 3. most of the, 4. most of the, 5. most

Ⅲ. 1. 대다수 사람들이 그 소문이 사실이라고 믿고 있다. 2. 나는 몹시 괴로운 두통이 있다. 3. 우리는 일요일이 가장 즐겁다. 4. 학생들의 대부분은 대학 구내에서 살고 있다. 5. 대부분의 운동은 건강에 좋다.

PART 7

형용사

1 최상급에서 the를 빼는 경우

2 이성적 판단의 형용사인 경우 동사원형 쓰기

1 최상급에서 the를 빼는 경우

최상급을 만드는 경우는 기본 비교와 비교급을 만드는 형용사와 부사가 가능하다. 이 가운데 주로 형용사가 더 많이 최상급 표현이 되고 있다. 형용사와 일부 부사는 그 정도의 차이를 말꼴의 변화를 통해 비교를 하는 방법 가운데 하나로 최상급이 있다. 최상급은 셋 이상을 비교하여 그 가운데 정도가 가장 높거나 가장 낮음을 나타내는 말이다. 이것은 '~에서[가운데] 가장 …한'이란 뜻을 나타낸다.

최상급은 낱말의 길이가 짧은 경우 대부분 형용사나 부사 다음에 -est를 붙이기도 하고, 낱말이 긴 경우에는 the 형용사 또는 부사로 최상급 꼴을 만든다. 그런데 최상급 이라 할지라고 the가 빠지는 경우가 있다.

〈일반적인 최상급의 형태〉

He's the greatest player who ever lived.

(그는 지금까지 살았던 (선수들 가운데) 가장 위대한 선수이다.)

Winter is the coldest of the four seasons.

(겨울이 사계절 가운데 가장 춥다.)

Tonight is the biggest match of his career.

(오늘 밤은 그의 경력에서 가장 큰 시합이다.)

It's known as the most dangerous part of the city.

(그 곳은 그 도시에서 가장 위험한 지역으로 알려져 있다.)

The lollipop is one of the most popular sweets among children.

(막대사탕은 아이들 사이에서 가장 인기 있는 사탕 가운데 하나이다.)

The most important point is that burgers do not have healthy nutrients.

(가장 중요한 점은 햄버거들은 건강한 영양소를 가지고 있지 않다는 것입니다.

〈최상급을 꾸며주는 부사(구)〉

최상급을 꾸며주는 역할을 하는 부사에는 even, much, nearly, quite, still과 by far 등이 있는데, '꽤/매우/거의 가장 …한'이라는 뜻이다. 이 외에 ever는 최상급+명사 다음에서 쓰이며, '지금까지 존재한 … 가운데서'란 뜻을 나타낸다.

Amy is the smartest by far.

(에이미가 단연코 가장 똑똑하다.)

Whales are by far the biggest animals.

(고래는 단연 제일 큰 동물이다.)

The last of these reasons is by far the most important.

(이 이유들 가운데 마지막 이유가 단연코 가장 중요하다.)

Flying is quite the best way to travel.

(비행기를 타는 것이 단연코 최고의 여행법이다.)

Here's a little pet; it's quite the best thing yet.

(자그마한 한 마리의 반려동물이 있다. 그것은 아직까지 단연 최고입니다.)

It's quite the best showing within the state for someone trying to do that.

(그것은 누군가가 그렇게 하려고 하는 주 안에서 단연코 뛰어난 실적입니다.)

This dictionary is much the best.

(이 사전은 다른 것보다 훨씬 좋다.)

Nikolai's English was much the worst.

(니콜라이의 영어는 그야말로 최악이었다.)

He is much the best student in the class.

(그는 그 학급에서 월등하게 우수한 학생이다.)

Who is the best teacher you ever had?

(지금까지 당신에게 최고의 선생님은 누구인가요?)

This is the best beer (that) I have ever tasted.

(이것은 내가 지금까지 마셔 본 맥주 가운데 최고이다.)

This is the most beautiful view that I've ever seen.

(이 풍경은 내가 지금까지 본 것 중에서 가장 아름답다.)

〈부사의 최상급에서 the 생략〉

그런데 부사의 최상급일 경우에는 the를 생략할 수 있다.

Do as you think best.

(이게 가장 알맞다 싶은 대로 하세요.)

Which one do you like best?

(어느 게 가장 좋니[마음에 드니]?)

He works best in the mornings.

(그는 오전에 일이 가장 잘 된다.)

Painting is best done in daylight.

(그림은 햇빛이 비치는 낮에 (그릴 때) 가장 잘 나온다.)

Well-drained soil suits the plant best.

(그 식물에는 물이 잘 빠지는 땅이 가장 알맞다.)

Who sings best of all the boys in your class?

(당신 반에서는 어느 아이가 가장 노래를 잘 합니까?)

It is the best-selling ice cream in those countries.

(그것은 그 나라들에서 가장 잘 팔리는 아이스크림이다.)

She is best known for her work on the human brain.

(그녀는 인간의 두뇌에 대한 연구로 가장 잘 알려져 있다.)

He is best known for his role in the fantasy movie, *Twilight*.

(그는 판타지 영화『트와일라잇』에서의 역할로 가장 잘 알려져 있다.)

The beaches are beautiful, but, best of all, there are few tourists.

(그 해안은 아름답다. 하지만 가장 좋은 7점은 관광객이 거의 없다는 것이다.)

2 이성적 판단이나 감정을 나타내는 형용사인 경우 동사원형 쓰기

영어 글 가운데 명사절에서 다음과 같은 이성적 판단이나 감정을 나타내는 형용사가 오는 경우 that절 안의 동사는 시제나 수에 관계없이 should+알몸동사 또는 should를 생략하고 알몸동사를 사용한다. 이런 형용사 가운데 이성적 판단과 관련된 형용사로는 better, crucial, essential, imperative, mportant, mandatory, natural, necessary, urgent, vital과 wrong 등이다. 그리고 감정을 나타내는 형용사로는 amazing, pitiful, pity, shocking, strange, surprising 등이다. that절 안의 동사는 시제나 수에 관계없이 should+알몸동사(동사원형)이나 should가 생략되고 알몸동사를 써야 한다.

It is strange, surprising, … + that + 주어 + 알몸동사(동사원형)
~하는 것이 이상하다, 놀랍다

이런 경우는 주로 글의 내용이 당위성('해야 한다')을 나타내는 경우가 대부분이다. 이런 쓰임은 영국영어 보다 미국영어에서 두드러진 현상이다.

<이성적 판단과 관련된 형용사가 주절에 오는 경우>

It is crucial that we (should) get this right.

(이것을 바로 잡는 것이 대단히 중요하다.)

It is crucial that immigration quotas be respected.

(이민자 몫[할당]이 존중되어야 하는 것이 중요하다.)

It is crucial that you not be defensive when you have this discussion.

(그런 토론을 할 때 방어적인 태도를 취하지 않는 것이 중요하다.)

It is essential that he (should) finish the work on time.

(그가 정시에 일을 마치는 것이 필수적이다.)

It is essential that the process be completed in a timely fashion.

(그 과정이 시기적절하게 마쳐져야 한다는 것은 필수적이다.)

It is essential that the facilities in the plant be checked regularly.

(공장의 시설들이 정기적으로 점검되는 것이 필수적이다.)

It is imperative that we (should) obey his instruction.

(우리가 그의 지시를 따르는 것은 불가피하다.)

It is obviously imperative that we finish by next week.

(우리가 반드시 다음 주까지 일을 마쳐야 한다.)

It is imperative that the deadline be extended until next week.

(마감일을 다음 주까지 연장해야 한다.)

It is important that we (should) submit the report.

(우리가 리포트를 제출하는 것은 중요하다.)

It is important that everyone stay together in the amusement park.

(놀이공원에서는 모두가 함께 있어야 한다는 것이 중요하다.)

When taking this medicine, it is important that the bottle be shaken first.

(이 약을 복용하실 때는 먼저 병을 흔드는 것이 중요하다.)

It is inappropriate that he (should) receive the award again.

(그가 또 다시 그 상을 받는 것은 부적절하다.)

It is lucky that your health (should) be so fine.

(네가 건강한 것은 행운이다.)

It's lucky for you that you quit before the company went under.

(회사가 파산되기 전에 자네가 그만둬서 다행이다.)

It is natural that he (should) get angry.

(그가 화가 난 것은 당연하다.)

It is natural that we respect our elders.

(우리가 어른을 공경해야 하는 것은 당연하다.)

It is natural that you help your mother.

(네가 어머니를 도와드리는 것은 당연하다.)

It is <u>necessary</u> that I (should) have breakfast.

(내가 아침을 먹는 것은 필요하다.)

It is necessary that he follow the directions.

(그가 그 지시를 따르는 것이 필요하다.)

It is necessary that drivers carry a driver's license.

(운전자는 운전면허증을 휴대하는 것이 필요하다.)

It is <u>proper</u> that you (should) help him in need.

(그가 어려울 때 그를 돕는 것은 바람직하다.)

It is proper that he be chosen chairman.

(그가 의장으로 뽑히는 것은 타당하다.)

It is right and proper that parents take responsibility for their children's attendance at school.

(부모가 자녀의 학교 출석에 대해 책임을 지는 것이 마땅하고 올바른 일이다.)

It is <u>reasonable</u> that he (should) complain about it.

(그가 그 것에 대해 불평하는 것은 정당하다.)

It is reasonable that she reject his proposal.

(그녀가 그의 청혼을 거절하는 것은 합당한 일이다.)

It was <u>urgent</u> that she (should) talk it over with him.

(그녀는 그와 그것에 대해서 의논하는 일이 다급한 문제였다.)

It is urgent that we prepare against a disaster.

(우리가 재난에 대비하는 것은 긴급하다.)

It is <u>vital</u> that he (should) study hard.

(그가 공부를 열심히 하는 것은 중요하다.)

It is vital that you keep accurate records when you are self-employed.

(자영업을 하는 경우에는 정확한 기록을 해 나가는 것이 필수적이다.)

It is wrong that old people (should) die of cold in this day.

(노인들이 요즘 추위로 죽어가는 것은 잘못된 일이다.)

〈감정을 나타내는 형용사가 주절에 오는 경우〉

감정을 나타내는 형용사를 사용하는 경우는 이성적 판단의 형용사와는 달리, that절의 내용이 '~하다니'라고 약간의 감정이 들어가도록 우리글로 옮기는 것이 일반적이다.

It is amazing that I (should) have a job.

(내가 직업을 갖다니 놀랍다.)

It is amazing that they should have done so much already.

(그들이 벌써 그렇게나 일을 했다니 놀랄 만하다.)

It is pitiful that she (should) hate him.

(그녀가 그를 싫어하는 것은 불쌍하다.)

It is pity that he (should) miss such a golden opportunity.

(그가 그런 황금 같은 기회를 놓치다니 유감이다.)

It is pity that she miss the first bus on the way to her office.

(그녀가 사무실로 가는 첫 번째 버스를 놓치다니 유감이다.)

It is shocking that she (should) be a criminal who was found guilty one year ago.

(그녀가 일 년 전에 유죄 평결이 내려졌던 범죄자 이었다니 충격적이다.)

It is strange that he (should) fire me.

(그가 나를 해고하다니 이상하다.)

It is strange that you should not know it.

(네가 그것을 모르는 것은 이상하다.)

It is strange that the princess marry an ordinary person.

(그 공주가 서민과 결혼한다니 이상하다.)

It is surprising that she (should) win the game.

(그녀가 그 게임에서 이겼다는 게 놀랍다.)

It is surprising that she fail the course.

(그녀가 그 과목에 실패한 것이 놀랍다.)

It is surprising that he have killed himself.

(그가 자살했다니 놀랍다.)

⇒ 이런 경우는 'should+동사원형과 동사원형의 쓰임새'에도 마찬가지로 적용된다.(PART 1 동사 Unit 10 참조)

익힘문제

1. 다음 글에서 틀린 부분이 있으면 고쳐 쓰세요.

1. It is necessary that she is the teacher.

2. It is proper that students will work hard.

3. It is natural that he doesn't understand it.

4. It is important that she goes there right now.

5. It is essential that he knows all the procedures.

6. It is essential that we will protect the environment.

7. This is the most beautiful view that ever I've seen.

8. If anything, swimming will appeal to her the most strongly.

9. It is not surprised that children learn to read at different rates.

10. It is imperative that the project should be finished by tomorrow.

11. Fossilized brains are unusual, and this is far the oldest known example,

12. It is crucial that you are not be defensive when you have this discussion.

13. It was shocked for the U.S. public to see a famous actor in such a manner.

Ⅱ. 다음 영어로 된 글을 한글로 옮기세요.

1. This is much the best.

2. We'll manage as best we can.

3. It was the happiest moment of his life.

4. This is the best wine that I have ever tasted.

5. It is necessary that we should listen to his advice.

6. It is proper that he should have declined their proposal.

7. It means that he is in the highest position of the religion.

8. It is a great pity that he should waste his time in idleness.

9. By far the most important issue for them is unemployment.

10. It is essential that this process be completed in a timely fashion.

11. It is imperative that someone take the first step in trying to resolve the situation.

12. It is vital that we provide global-standard service to foreign investors and businessmen.

ANSWERS

I. 1. is→be 또는 should be, 2. will work→work 또는 should work, 3. doesn't understand→not understand 또는 should not understand, 4. goes→go 또는 should go, 5. knows→know 또는 should know, 6. will protect→protect, 7. ever I've seen→I've ever seen, 8. the most→most, 9. surprised→surprising, 10. is→be 또는 should be, 11. far→by far, 12. are not be→not be 또는 should not be, 13. shocked→shocking

II. 1. 이것이 제일 좋다. 2. 우리는 최선을 다해 보겠습니다. 3. 그의 인생에서 가장 행복한 순간이었다. 4. 이것은 내가 지금까지 마셔 본 와인 가운데 최고이다. 5. 우리는 그의 충고에 귀를 기울일 필요가 있다. 6. 그가 그들의 제안을 거절했던 것은 당연하다. 7. 그것은 그가 그 종교의 가장 높은 직위에 있다는 것을 의미한다. 8. 그가 하는 일 없이 시간을 낭비하는 것은 심히 유감이다. 9. 그들에게 있어서 단연코 중요한 쟁점은 실직[실업] 상태이다. 10. 그 과정이 시기적절하게 마쳐져야 한다는 것은 필수적이다. 11. 누군가가 그런 상황을 해결하기 위한 노력으로 첫 번째 시도를 하는 것은 아주 중요하다. 12. 우리는 외국인 투자자와 기업인에게 글로벌 표준의 서비스를 제공하는 것이 필수적이다.

PART 8

부사

1 so와 too의 차이

2 rather와 quite의 차이

3 ever와 always의 차이

4 indeed와 certainly의 차이

5 above all과 especially의 차이

1 so와 too의 차이

부사는 일반적으로 동사를 꾸며주는 경우가 많다. 그리고 부사가 하는 역할은 동사를 꾸며주는 경우, 형용사를 꾸며주는 경우, 한 개의 글 안에서 또 다른 부사를 꾸며주는 경우와 글 전체를 꾸며주는 경우이다.

so와 too는 부사로 한글로 옮기면 '너무 (…한)'이란 뜻으로 비슷하게 쓰이는 것처럼 보인다. 그렇지만 실제 영어에서 쓰일 때는 미묘한 차이가 있는 것이 사실이다. so는 주로 글의 내용이 긍정을 하는 상황에 쓰이고, too는 좋거나 합리적이거나 받아들일 수 있는것 이상(more than is good, reasonable or acceptable)을 의미하는 것으로, 글의 내용이 부정적인 면을 드러낼 때 쓰이는 경우가 대부분이다. 다음 예문에서 so와 too의 차이점에 어디에 있는지 한 번 생각하길 바란다.

I'm so glad to see you.

([당신을] 뵙게 되어 정말 기뻐요.)

He's far too young to go on his own.

(그는 혼자 가기엔 너무 어리다.)

so+형용사는 일반적으로 1) 정도가 굉장히 높은 것을 의미하거나 2) 강한 개인 감정을 표현하기 위해 사용한다. 3) 이 외의 경우 외에는 very/extremely+형용사를 사용한다.

〈1)의 경우〉

I didn't expect the hotels to be so busy.

(나는 호텔들이 그렇게 붐비리라 예상하지 못했다.)

Those speeches are just so much noise.

(그런 연설은 소음, 다만 소음일 뿐이다.)

I was so tired that I fell asleep on the train.

(나는 너무 피곤해서 기차에서 잠이 들었다.)

〈2)의 경우〉

I'm so glad to see you.

([당신을] 뵙게 돼서 정말 기뻐요.)

I'm not so stupid as to believe that.

(내가 그걸 믿을 정도로 그렇게 어리석지는 않다.)

It was very kind of you to help me. I'm so grateful.

(당신이 나를 도와주시니 아주 친절하시군요. 저는 매우 감사드립니다.)

〈3)의 경우〉

I'm not very impressed.

(나는 별로[전혀] 감동되지 않는다.)

She was very tired and found it difficult to stay awake.

(그녀는 매우 피곤해서 깨어 있기가 힘든 지경이었다.)

I am extremely grateful to all the teachers for their help.

(모든 선생님들께 저를 도와주신 데 대해 진심으로 감사드립니다.)

〈so의 경우〉

Why are you so kind?

(너는 왜 그렇게 친절하니?)

Their attitude is so very English.

(그들의 태도는 정말 대단히 영국적이다.)

Why is it so popular all over the world?

(왜 그것이 전 세계에서 그렇게 인기가 있을까요?

In no other time did religion play so important a part.

(종교가 그만큼 중요한 역할을 한 시대가 일찍이 없었다.)

I fail to see what women find so fascinating about him.

(나는 여자들이 그를 왜 그렇게 매력적이라고 생각하는지 알 수가 없다.)

* so+형용사/부사+that 절

이 경우는 '너무 ~해서(형용사/부사) …하다'라는 뜻이 된다.

He was so busy that he could not help me.

(그는 너무 바빠서 나를 도와줄 수가 없었다.)

She was so tired that she couldn't think straight.

(그녀는 너무 피곤해서 제대로 생각을 할 수가 없었다.)

She spoke so quietly that I could hardly hear her.

(그녀가 말을 너무 조용히 해서 난 그녀의 말이 거의 들리지 않았다.)

* 그런데 so와 거의 같은 뜻으로 쓰이지만 명사 앞에서는 such를 쓴다. 단수명사인 경우에는 such a/an 명사의 꼴로 쓰이고, 셀 수 없는 명사나 복수명사인 경우에는 such 명사의 꼴로 된다. 이 경우 such ~ that …는 '…만큼의 ~, 매우[대단히] …한 ~'라는 뜻이다.

He is such a nice man that everybody likes him.

(그는 참 좋은 사람이어서 모두가 그를 좋아한다.)

There was such a crowd (that) we could hardly move.

(굉장한 인파 때문에 몸을 움직일 수 없었다.)

He's such a mild man that no one had a quarrel with him.

(그는 매우 순한 사람이어서 그와 말다툼하는 사람은 없다.)

〈too의 경우〉

He is going too fast.

(그는 너무 빨리 가고 있어.)

The dress was too tight for me.

(그 드레스는 나한테 너무 딱 들러 붙었어.)

It's too late to do anything about it now.

(이제 그것에 대해 뭔가를 하기에는 너무 늦었다.)

They are much too young to get married.

(그들은 결혼하기에는 너무나도 어리다.)

Eating too much sugar can lead to health problems.

(설탕을 너무 많이 먹으면 건강에 문제가 생길 수 있다.)

* too가 '…도[또한]'이란 뜻으로 쓰이기도 한다. 이 때 too는 보통 절의 끝에 위치한다. 그런데 부정절에서는 too/also/as well을 쓰지 않고 either를 쓴다. either 앞에 콤마(comma)는 쓸 수도 있고 안 쓸 수도 있다.

Can I come too?

(나도 가도 돼?)

This makes us realize that human beings are animals too

(이ㄹ은 우리로 하여금 인간 역시 동물이라는 사실을 깨닫게 한다.)

When I've finished painting the bathroom, I'm going to do the kitchen too.

(내가 목욕탕에 페인트칠을 다 하면 부엌도 할 거예요.)

Peter can't go and I can't either.

(피터는 못 가. 나도 그렇고.)

If you don't come, she won't come, either.

(당신이 오지 않는다면 그녀도 오지 않을 것이다)

I don't understand much of the modern poetry either.

(나도 현대시는 잘 모릅니다.)

2 rather와 quite의 차이

rather는 '(흔히 비판 · 실망 · 놀람을 나타내는 표현에서) 꽤, 약간, 상당히'나 동사와 함께 써서 진술의 강도를 완화시킬 때 '좀, 약간'이라는 뜻과 '더 정확히 말하면'과 앞에 말한 내용과 다르거나 반대되는 말을 도입할 때 '오히려, 차라리'라는 뜻으로 쓰이는 부사이다.

rather는 '다소, 약간, 적은 정도로'(to a small extent)라는 뜻을 나타낼 때 부정적인 특징을 나타내는 낱말과 함께 보통 쓴다.

〈rather의 경우〉

It was a rather difficult question.

(그것은 꽤 어려운 문제였다.)

She fell and hurt her leg rather badly.

(그녀는 넘어져서 다리를 꽤 심하게 다쳤다.)

I rather suspect we're making a mistake.

(나는 우리가 실수를 하고 있는 것이 아닌가 하는 의심이 좀 든다.)

The instructions were rather complicated.

(그 사용 설명서는 약간 복잡했다.)

I didn't fail the exam, in fact I did rather well!

(나는 그 시험에 떨어지지 않았어. 사실은 상당히 잘 봤다구!)

그런데 rather가 긍정적인 특징을 나타내는 낱말과 함께 쓰는 경우에는 그 특징을 보다 더 강하게 만든다. 이 경우 rather는 very(매우) 보다 뜻이 약한 표현이라고 볼 수 있다.

I thought he was rather cold.

(나는 그가 아주 냉정한 줄 알았어요.)

He speaks English rather well.

(그는 영어를 꽤 잘 말한다.)

She looks rather like her mother.

(그녀는 자기 어머니를 상당히 닮았다.)

These cakes are rather nice! Try one!

(이 케이크들은 아주 멋져보이는데! 하나 먹어봐!)

I rather suppose his answer is correct.

(나는 어느 편인가 하면 그의 답이 옳다고 생각한다.)

quite는 부정어와는 함께 쓰지 않는데, '꽤, 상당히'(=fairly)라는 뜻과 '지극히, 더없이, 완전히, 전적으로'(=completely, absolutely, entirely)라는 뜻, 그리고 '아주, 정말' 이란 뜻과 더불어 동의나 이해를 나타내는 '그럼요, 그래요'라는 뜻으로 부사이다.

<quite의 경우>

I quite agree.

(전적으로 동의합니다.)

I quite like opera.

(나는 오페라를 더 좋아한다.)

The house is quite small.

(그것은 꽤 작은 집이었다.)

This is quite a different problem.

(이것은 완전히 다른 문제이다.)

I'm quite happy to wait for you here.

(난 여기서 너를 기다리는 것이 더없이 행복해.)

A: He's bound to feel shaken after his accident.

B: Quite.

(A:그가 사고 후에 몹시 충격을 받았겠군요.

B: 그럼요.)

3 ever와 always의 차이

ever와 always는 비슷한 뜻을 갖고 있는 것으로 보인다. 그렇지만 ever는 부정문이나 의문문 또는 if가 쓰인 글에서 '어느 때고/언제든/한번이라도'(at any time)와 같은 뜻으로 쓰인다. 그런데 always는 '항상, 언제나, 늘'(from beginning to until now; every time; all the time)이란 뜻이다. ever는 한 시점(at any time before/then)과 관련되고, always는 시간의 지속성과 관련된다고 볼 수 있다. 그래서 ever는 현재완료나 과거완료 시제와 함께 쓰이는 경우가 많다. 그런데 still은 always와 비교해 보면 쓰임새의 차이가있다. still은 '아직(도)(계속해서)'라는 뜻으로, 과거[예전] 상황이 바뀌지 않고, 말을 하는 때인 지금도 계속되는 것을 말할 때 쓴다.

〈ever의 경우〉

I haven't ever been there.

(나는 거기에 가 본 적이 없다.)

Nothing ever happens here.

(여기에서는 (한번도) 무슨 일이 생기는 법이 없다.)

Have you ever been to Rome?

(로마에 가 보신 적이 있으세요?)

Nothing ever makes him angry.

(그는 결코 화를 내지 않는다.)

If you're ever in Miami, come and see us.

(언제든 마이애미에 오는 일이 있으면 우리를 보러 와.)

A: Have you ever thought of changing your job?

B: No, never/ No, I haven't.

(A: 직장을 바꿨으면 하는 생각을 한번이아고 해 보셨어요?

B: 아뇨, 한번도요/아뇨. 안 해 봤어요.)

〈always의 경우〉

She always arrives at 8:30.

(그녀는 항상 여덟 시 삼십 분에 도착한다.)

Pat has always loved gardening.

(팻은 늘 정원 가꾸기를 아주 좋아해 왔다.)

Did you always want to be an actor?

(당신은 늘 배우가 되고 싶었나요?)

This is the way we're always done it.

(이것이 우리가 늘 그것을 하는 방식이다.)

There's always somebody at home in the evenings.

(저녁에는 항상 누군가가 집에 있다.)

〈still의 경우〉

Mum, I'm still hungry!

(엄마, 나 아직 배고파요!)

Do you still live at the same address?

(아직 같은 주소에 사세요?)

There's still time to change your mind.

(당신이 마음을 바꿀 시간은 아직 있다.)

It was, and still is, my favorite movie.

(그것은 내가 제일 좋아하는 영화였고 아직도 그러하다.)

I wrote to them last month and I'm still waiting.

(내가 지난달에 그들에게 편지를 썼는데 아직도 답장을 기다리고 있다.)

4 indeed와 certainly의 차이

indeed는 '(긍정적인 진술 · 대답을 강조하여) 정말[확실히], ('very'+형용사/부사 뒤에서 진술 · 묘사 등을 강조하여) 정말[참으로], (진술 내용을 덧붙일 때) 사실[실은], (놀람 · 터무니없는 기분을 나타내어) 저런[설마], (답이 생각나지 않을 때 상대방의 질문을 반복하며) 글쎄라는 뜻이다. certainly는 '틀림없이, 분명히, [질문에 대한 답변으로] 그럼요, 물론이지요'라는 뜻이다.

indeed는 (1) '앞의 의견[주장]을 강화하는 진술을 소개하기 위한'(We don't need any more high street banks. Indeed, there are too many already.(우리는 고가 은행들이 더 많이 필요하지 않아. 정말 벌써 너무 많잖아.) 경우나, (2) '앞의 진술이나 의견에 동의하는 것을 보여주기 위한'(Cancer research has indeed come a long way in recent years.(암 연구는 정말 최근 몇 년 사이에 상당히 좋아졌다[발전했다])) 경우에 쓰인다. 그리고 very+형용사+명사+indeed나 very+형용사/부사+indeed 형태(Thank you very much indeed!(정말 대단히 고맙습니다.))로 사용한다.

〈indeed의 경우〉

She greeted us very cheerfully indeed.
(그녀는 실로 매우 기분 좋게 우리에게 인사했다.)
It is indeed a remarkable achievement.
(그것은 정말 뛰어난 업적이다.)
It is indeed a fabulous idea although it isn't practical.
(그것이 비록 현실적이지는 않지만 정말 멋진 생각이다.)
You know what they say, "Friends in need are friends indeed.
(이런 말이 있잖아요, "어려울 때 친구가 진정한 친구다.")
If even he cannot pass the test, I have very little chance indeed.
(그가 시험에 합격하지 못한다면 나는 더욱 가망이 전혀 없소.)

A: Was he very angry?

B: Indeed he was.

(A: 그가 화를 많이 냈니?)

B: 정말 많이 냈어.)

그런데 certainly 또는 definitely('(강조의 의미로 쓰여) 분명히[틀림없이], 절대(로), 확실히')는 '전에 언급되지 않은 주장이나 의견을 강화시키기 위해' 사용된다.

He'll certainly attend the lecture.

(그는 틀림없이 강의에 나갑니다.)

John certainly did not like the play.

(분명히 존은 그 연극이 마음에 들지 않았다.)

He doesn't treat his staff well but he certainly knows how to make money.

(그는 그의 직원들을 잘 대하지는 않지만 그는 확실히 돈을 버는 방법을 안다.)

I definitely remember sending the letter.

(내가 그 편지를 보낸 걸 분명히 기억해.)

Some old people want help; others most definitely not.

(어떤 노인들은 도움을 원하지만 또 어떤 노인들은 절대 그렇지 않다.)

The date of the move has not been definitely decided yet.

(이사 날짜는 아직 확실히 결정된 것이 아니다.)

A: Was it what you expected?

B: Yes, definitely.

(A: 그게 네가 예상하던 거였니?

B: 그럼, 틀림없어.)

A: Do you plan to have children?

B: Definitely not!

(A: 아이를 가질 계획이세요?

B: 절대 아니에요!)

그리고 언급하고자 하는 어떤 것이 전에 언급한 어떤 것과 우연히 연결되는 것을 나타내기 위해서는 as it happens/happened('마침[공교롭게도], 우연히'나 it (just) so happens that('(참으로) 우연히도')를 사용한다.

I agee with you, as it happens.

(공교롭게도 내 생각도 당신과 같아요.)

As it happened, I left the book at home.

(공교롭게도 나는 그 책을 집에 놓고 왔다.)

As it happened, I had not enough money with me.

(공교롭게도 나에게는 그때 충분한 돈이 없었다.)

It just so happened they'd been invited too.

(참으로 우연히도 그들도 초대를 받았던 것야.)

Well it so happens that we have a singular body.

(우연히도 우리에게는 몸이 하나뿐입니다.)

It so happens that another president was born in February.

(우연히도 이 월에 또 한 사람의 대통령이 태어났다.)

<certainly의 경우>

I'm certainly never going there again.

(난 분명히 다시는 거기 가지 않은 것이다.)

Without treatment, she will almost certainly die.

(치료를 안 받으면 그녀는 거의 틀림없이 사망할 것이다.)

Certainly, the early years are crucial to a child's development.

(분명히 어릴 때의 몇 년이 아동의 발달에 결정적으로 중요하다.)

A: May I see your passport, Mr. Scott?

B: Certainly.

(A: 스콧 씨, 여권 좀 보여주시겠어요?

B: 그럼요.)

A: Do you think all this money will change your life?

B: Certainly not.

(A: 당신은 이 모든 돈이 당신의 삶을 바꿔 놓을 거라고 생각하나요?

B: 물론 그건 아니죠.)

5 above all과 especially의 차이

above all은 '무엇보다도 (중요한 것은), 특히'라는 뜻으로 especially의 '특히'와 같은 뜻으로 쓰이는 것처럼 보인다. 그렇지만 above all은 '(다른) 무엇보다도, 특히, 우선 첫째로'란 뜻을 갖고 있으면서 '가장 중요한'(most importantly)이란 뜻이다. especially는 '특히, 각별히, 두드러지게, 보통 이상으로'(=particularly)와 '특별히(…을 위해서), 유난히'란 뜻이다. 따라서 이 둘은 그 쓰임새가 서로 다르다.

〈above all의 경우〉

Be sincere above all.

(무엇보다도 성실하라.)

Above all, keep in touch.

(무엇보다도 계속 연락하고 지내.)

Above all else, video games are enormous fun.

(다른 무엇보다도, 비디오게임들은 굉장히 재미있다는 것이다.)

Above all things, it changed a lot of my thinking.

(무엇보다도 그것이 나의 생각을 많이 바꾸었습니다.)

Above all, it commemorates the coexistence of cultures.

(무엇보다도 그것은 문화가 공존한다는 것을 기념하고 있다.)

* 그런데 'the most important'인 최상급 형태를 꾸며줄 때는 above all을 쓰지 않고 by far를 쓴다.

He is by far <u>the best</u> scholar.

(그는 다른 사람보다 단연 뛰어난 학자이다.)

The riot was by far the most horrific scene I'd ever witnessed.

(그 폭동은 내가 지금까지 목격한 것 가운데 단연코 가장 끔직한 장면이었다.)

Animal testing is by far the most accurate way of assessing whether cosmetic products are safe to use.
(동물 실험은 화장품을 사용하는 것이 안전한지에 대한 단연 가장 정확한 측정 수단이다.)

* 그리고 'more than anywhere/anything/anyone ever'('지금까지 어디/누구/무엇보다(도)')의 뜻을 의미할 때는 above all을 쓰지 않고, most of all('무엇보다도 가장, 무엇보다도, 그 중에서도, 유달리, 제일')이나 the most('가장 많은, 최대[최고](의), 가장, 최고로')를 쓴다.

Who ate the most?
(누가 가장 많이 먹었지?)
The one I liked the most was too expensive.
(내가 가장 좋아하는 것은 너무 비싸다.)
We've all taken some literature courses, but Mary's taken the most.
(우리는 모두 문학 강의를 몇 개씩 수강했는데, 메리가 가장 많이 했다.)

It was what she wanted most of all.
(그것은 그녀가 무엇보다도 가장 원하던 것이었다.)
I want to see the royal palace most of all.
(나는 그 중에서도 왕궁을 보고 싶다.)
What worries me most of all is that the car is not roadworthy.
(무엇보다도 가장 나를 걱정하게 만드는 것은 자동차가 주행하기에 안전하지가 않다는 것이다.)

〈especially의 경우〉

I made it especially for you.

(난 특별히 너를 위해서 그것을 만들었어.)

I love Rome, especially in the spring.

(나는 로마가 정말 좋다. 특히 봄의 로마가.)

I wasn't feeling especially happy that day.

(난 그 날 기분이 썩 좋지는 않았다.)

The car is quite small, especially if you have children.

(그 차는 좀 작다. 특히 자녀가 있으면.)

Teenagers are very fashion conscious, especially girls.

(십대들은 패션에 아주 관심이 많은데, 특히 여자애들이 그렇다.)

* 진술하는 내용이 특별히 사실인 상황에 대해 주의를 끌기 위해서 especially를 쓴다. 이 경우 especially는 글의 맨 앞에 올 수 없고 주어 다음에 넣어야 한다.

In the south of Germany there is different mentality. Especially the Bavarians are very lively and cheerful.

→ In the south of Germany there is different mentality. The Bavarians especially are very lively and cheerful.

(독일의 남부에는 서로 다른 사고방식이 있다. 바바리안족은 두드러지게 아주 활기 넘치고 명랑하다.)

You especially need to keep your body warm at night.

(당신은 특히 밤에 당신의 몸을 따뜻하게 유지해야 합니다.)

This year's examination results are surprisingly good. The girls especially have done better than we expected.

(올해의 시험 결과는 의외로 좋다. 소녀들은 특히 우리가 기대했던 것 보다 시험을 더 잘 치루었다.)

* 그리고 어떤 것이 특별한[특정] 목적이나 사람을 위해 행해지거나 이루어지는 것을 의미할 때는 especially를 쓰지 않고 specially('특별히, 특히')를 쓴다. 이 경우를 제외하고 다른 의미로 쓰일 경우에는 especially를 쓴다.

We came specially to see you.

(우리는 당신을 만나기 위해 특별히 왔습니다.)

This ring was specially made for her.

(이 반지는 그녀를 위해 특별히 만든 것이었다.)

She baked a cake specially for her husband's birthday.

(그녀는 남편의 생일을 위해 특별히 케이크를 구웠다.)

익힘문제

* 다음 글에서 틀린 부분이 있으면 고쳐 쓰세요.

1. He has ever been my hero.

2. The bed was rather comfortable.

3. The weather is rather good today.

4. He likes reading, above all novels.

5. Where would you like to go above all?

6. We hadn't expected so a warm welcome.

7. We were not prepared for so cold weather.

8. He told me not to spend so long in the sun.

9. I was annoyed with myself for being so fool.

10. During the summer all the hotels are so busy.

11. I'm surprised that nobody ever has thought of it.

12. I was too happy when I received your letter today.

13. Secondary students are under great pressure indeed.

14. If you ask me, there's so much violence on television.

15. As for his new novel, I think it's worth reading indeed.

16. He died a long time ago, but his ideas are always alive.

17. We were rather hoping you'd be able to do it by Friday.

18. This year English is above all my most important subject.

19. My English is so poor so my wife has to translate everything.

20. Bearing in mind that it is too far from here, we should make an early start.

21. For some reason they didn't receive the fax and your letter hasn't arrived too.

22. To live in Britain you need a lot of money. Specially London is very expensive.

23. Come and spend the weekend with me. I live always at the same address in Croyton.

24. Looking after the children can be very tiring. Especially young children need a lot of attention.

25. I'm afraid that I won't be able to come to your wedding. Indeed, I'm giving a lecture on that day.

ANSWERS

1. ever→always, 2. rather→quite, 3. rather→quite, 4. above all→especially, 5. above all→most of all, * 'more than anywhere/anything/anyone ever'의 뜻을 의미할 때는 most of all이나 the most를 쓴다. 6. so→such, 7. so→such, 8. so→too, 9. so fool→such a fool, 10. so→very, 11. nobody ever has thought of it→nobody has ever thought of it, 12. too→very, 13. under great pressure indeed→under very great pressure indeed, 14. so→too, 15. indeed→certainly, 16. always→still, 17. quite→rather, 18. above all→by far, * the most important'인 최상급 형태는 by far를 쓴다. 19. so my wife→that my wife, 20. it is too far from here→it is a long way from here, 21. too→either, 22. Specially London is→London especially is, 23. I live always at→I still live at, 24. Especially young children→Young children especially, 25. indeed→As it happens 또는 It so happens that

PART 9

전치사

1 in과 after의 차이

2 rexcept와 besides의 차이

3 concerning과 with regard to의 차이

4 between과 among의 쓰임새

1 in과 after의 차이

전치사 in과 after가 여러 가지 경우에 쓰이지만, 시간과 관련되어 표현될 때 약간 애매한 부분이 있다. in은 '(시간의 경과를 나타내어) …후에,[…만에/…있으면], 지나면'(=at the end of a stated period)이란 뜻으로 쓰이는 경우에는 after의 '(시간 · 순서상으로) 뒤에[후에], …이 끝나고 나서, …지나서'의 뜻과 같은 것처럼 보인다. 그러나 in은 말을 하는 순간인 지금(now)으로부터 측정되는[셈하여] 미래의 시간을 언급하는 경우에는 in a month's time/in a month, in three weeks's time/in three weeks 등과 같이 사용한다. 그리고 in이 부정문(no, not), first, last, only와 최상급과 함께 쓰여 '…동안(에), …만에'라는 뜻으로 쓰이기도 한다.

〈in의 경우〉

I will see him in three hours.

(나는 세 시간 후에 그를 만난다)

The bus leaves in five minutes.

(버스는 오 분 후에[오 분 경과한 시점에서] 출발한다.)

I'll be back in a couple of minutes.

(나는 몇 분 후에 돌아7오겠다.)

he'll be back again in a couple of weeks' time.

(그녀는 몇 주 후에 또 다시 되돌아 올 것이다.)

We can't tell what will come about even in ten minutes.

(우리는 심지어 10분 후의 일조차도 알 수 없다.)

* in이 부정문(no, not), first, last, only와 최상급 등의 뒤에 쓰이는 경우>

I haven't seen him in years.

(나는 수년 동안 그를 보지 못했다.)

I haven't seen her in months.

(나는 그녀를 몇 달째 만나지 못했다.)

It's the first letter I've had in ten days.

(그것은 내가 열흘 만에 처음 받는 편지이다.)

What is the record for most sales in a month?

한 달 최고 판매 기록이 어떻게 되지?)

South America this year experienced one of its coldest winters in decades.

(올해 남아메리카는 수십 년 만에 가장 추운 날씨를 겪었다.)

China experienced its coldest winter in 30 years and Siberia endured - minus 50 degrees Fahrenheit.

(중국은 삼십 년 만에 가장 추운 겨울을 경험하고 시베리아는 영하 오십 도의 추위를 견뎠다.)

* 빈도, 속도나 지속 등의 표현은 in을 포함하지 않는다.

Bananas cost fifty pence a pound.

(바나나는 일 파운드에 오십 페니이다.)

Bananas cost fifty pence in a pound.(X)

The shop is open six days a week.

(그 가게는 일 주일에 육 일 문을 연다.)

The shop is open six days in a week.(X)

He visits his father three times a year.

(그는 일 년에 세 번 그의 아버지를 방문한다.)

He visits his father three times in a year.(X)

I drove to the hospital at ninety miles an hour.

(나는 한 시간에 구십 마일로 병원에 차를 몰고 간다.)

I drove to the hospital at ninety miles in an hour.(X)

* in a month's time/in a month, in three weeks's time/in three weeks 등은 말을 하는 순간인 지금(now)으로부터 측정되는[셈하여] 미래의 시간을 언급하는 경우에 쓰인다.

It will be ready in a week's time.

(그것은 일 주일 있으면 준비가 될 것이다.)

She learnt to drive in three weeks.

(그녀는 삼 주만에 운전을 배웠다.)

I haven't had a day off in a month.

(나는 한 달 동안 하루도 쉬지 못했어.)

In two weeks' time she's going on leave.

(이 주 후에 그녀는 휴가를 갈 것이다.)

The doll was so popular that it sold out in two weeks.

(그 인형은 아주 인기가 좋아서 이 주만에 다 팔려나갔다.)

<after의 경우>

We'll leave after lunch.

(우리는 점심 식사 후에 떠날 것이다.)

After an hour I went home.

(한 시간 뒤에 나는 집으로 갔다.)

I saw him after three hours.

(세 시간 후에 그를 만났다.)

They arrived after shortly after 5.

(그들은 다섯 시 직후에 도착했다.)

After doing my homework, I went to bed.

(숙제를 한 다음 잠자리에 들었다.)

* 과거의 이른 시간에서부터 측정되는 과거의 시간을 언급할 때 a month later, three months later 등을 사용한다.

Six months later they got married.

(여섯 달 후 그들은 결혼을 했다.)

The man killed her three months later.

(그 남성은 3개월 후에 여성을 살해했다.)

I phoned you a week later to confirm the order.

(나는 일 주일 후 당신에게 전화를 하여 주문을 확인했습니다.)

The robber was caught by the police a month later.

(그 도둑은 한 달 후에 경찰에 잡혔다.)

If voting ends two hours later, the costs for voting management increase as well.

(투표 마감시간이 두 시간 연장되면 투개표 관리 비용도 증가한다.)

* 과거에 시작되어 말을 하는 순간인 현재까지 계속되는 시간의 기간을 언급하기 위해서 after가 아닌 since를 사용한다.

He has learnt a lot since he has been here.

(그가 이곳에 온 이후에 많은 것을 배웠다.

It is/has been five years since the war ended.

(전쟁이 끝난 지 5년이 된다.)

* has been은 미국영어에서 쓰인다.

I have known her ever since she was a child.

(나는 그녀를 어렸을 때부터 죽 알고 있다.)

McDonald's has been a sponsor of the Olympics since 1968.

(맥도날드는 천구백육십팔 년부터 올림픽을 후원해왔다.)

Many improvements have been made since this century began.

(금세기에 접어든 이래 수많은 개선이 이루어졌다.)

2 except와 besides의 차이

except는 '(누구·무엇을) 제외하고는[외에는]'(=not including, but not)라는 뜻의 전치사이고, besides는 전치사로서 '…외에[…에 덧붙여]'(in addition to)와 부사로서 '게다가, 뿐만 아니라, 또(한), 그 밖에'라는 뜻이다. 이 두 낱말은 비슷한 뜻을 갖고 있지만 쓰임새에서 차이가 난다.

We work every day except Sunday.

(우리는 일요일 외에는 매일 일한다.)

They all came except Christine..

(그들은 크리스틴을 제외하고 모두 왔다.)

I had nothing on except for my socks.

(나는 양말 외에는 아무것도 (몸에) 걸치고 있지 않았다.)

* except는 목적(purpose)에 관해 이야기할 때에는 동명사를 쓰지 않고 to 부정사를 쓴다.

I rarely go to the market, *except* to buy vegetables.

(나는 야채들을 사기 위한 것을 제외하고는 시장에 가는 것이 드물다.)

I had never really spoken to him except to say hello.

(나는 인사하는 것을 제외하고는 그에게 정말로 말 한 마디 하지 않았다.)

그리고 except 다음에 오는 동사 형태를 선택하는 경우에는 가끔 글에서 먼저 나온 낱말에 의해 결정된다. 예를 들면 want 동사는 to 부정사, good at는 동명사가 된다.

My brother <u>is good</u> at everything except washing the dishes.(not to wash)

(내 동생[형/오빠]는 접시를 씻는 것을 제외하고 모든 것에 능하다.)

They <u>want</u> nothing except to see that the children are happy.(not seeing)

(그들은 아이들이 행복한 것을 보는 것 이외에는 아무것도 원하지 않는다.)

* except는 전치사이기 때문에 except 다음에 절이 올 수 없다. 절이 오는 경우에 unless를 쓰든지 아니면 except when, except while, except if나 except that를 쓴다.

He tends to ignore me except when he needs something.

(그는 무언가 필요한 경우를 제외하고는 나를 무시하는 경향이 있다.)

Americans are just like any other people in the world except that they are more tolerant.

(미국사람들은 좀 더 관대한 것을 제외하고는 세계에 있는 다fms 사람들과 거의 같다.)

* do (anything/nothing/what you like 등) +except 다음에는 알몸동사(bare infinitive)가 온다.

There was <u>nothing</u> I could <u>do</u> *except* sit and wait.

(내가 앉아서 기다리는 것 이외에는 할 수 있는 것이 없었다.)

She was willing to <u>do anything</u> *except* tell me her name.

(그녀는 나에게 그녀의 이름을 말하는 것을 제외하고는 꺼리지 않고 모든 것을 했다.)

⇒ 알몸동사

〈besides의 경우〉

◆ 전치사로서의 besides

He speaks German besides English.

(그는 영어 이외에 독일어도 말한다.)

Besides being a statesman, he was a painter.

(그는 정치가였을 뿐만 아니라 화가이기도 했다.)

We have lots of things in common besides music.

(우리는 음악 외에도 공통되는 것이 많다.)

I think there are many other important things besides studying.

(공부 외에도 다른 중요한 것들이 많다고 나는 생각해.)

Besides working as a doctor, he also writes novels in his spare time.

(그는 의사로 일하는 외에 여가 시간에 소설도 쓴다.)

I've got no family besides my parents.

(나는 부모님 외에는 가족이 없다.)

* besides가 주로 부정문이나·의문문에서 쓰이는 경우에는 '……이외에는, …을 제쳐 놓으면'이란 뜻으로 쓰이는 경우가 많다.

There is nothing to eat here besides a slice of bread.

(여기에는 한 조각의 빵 이외에는 먹을 것이 아무 것도 없다.)

They do not speak during their performance, but besides that, they do everything else.

(그들이 연주하는 동안에 말을 하지 않지만 이것 외에는 그들은 모든 것을 한다.)

◆ 부사로서의 besides

Besides, most of the games are very violent.

(게다가, 대부분의 게임들은 너무 폭력적이다.)

I don't really want to go. Besides, it's too late now.

(내가 꼭 가고 싶은 건 아냐. 게다가 이제 시간도 너무 늦었어.)

He knows the rules of grammar, but very little besides.

(그는 문법 규칙은 알고 있으나, 그 밖에는 거의 아는 것이 없다.)

Besides, I am not good at math. Honestly, I hate math!

(게다가, 나는 수학을 잘 하지 못해. 솔직히, 나는 수학을 싫어해!)

The game was excellent, and besides, there was no admission charged.

(그 경기는 훌륭했으며, 게다가 입장료도 받지 않았다.)

3 concerning과 with regard to의 차이

concerning은 '…에 관한[관련된]'이란 뜻이다. with/in regard to도 '…과 관련하여[대하여]'라는 뜻이다. 그렇지만 concerning은 일반적인 것에 관해 말할 때 쓰인다. 그런데 in/with regard to((…과 관련하여[…에 대하여]), regarding(…에 관하여[대하여]), as regards(…과 관련하여[…에 대하여]과 as/so far as sb/sth is concerned(…에 관한 한)는 새로운 주제(topic)를 소개할 때 쓰인다.

〈concerning의 경우〉

Many things have been said concerning the glory of Christ.

(그리스도의 영광에 대해서는 많은 것이 얘기되어 왔다.)

For more information concerning the club contact I. Coldwell.

(클럽에 관해 더 많은 정보를 얻고 싶으면 아이 콜드웰에게 연락을 하세요.)

He asked several questions concerning the future of the company.

(그는 회사의 장래에 관해 몇 가지 질문을 했다.)

He was then asked several questions concerning his banking activities.

(그리고 나서 그는 그의 금융업무 활동에 관해 몇 가지 질문을 했다.)

All cases concerning children are dealt with in a special children's court.

(아동 관련 사건은 모두 특별 아동 법원에서 다룬다.)

〈in/with regard to의 경우〉

I'd like your feedback with regard to some of my ideas.

(제 생각에 대한 당신의 의견을 듣고 싶습니다.)

With regard to lowering the price, I think that it is a good idea.

(가격인하에 관해서 나는 그것이 좋은 의견이라고 생각합니다.)

With regard to the budget shortfall, it's apparent that we have two choices.

(예산 적자에 관해서, 우리에게는 분명히 두 가지 선택할 수 있는 안이 있습니다.)

The company's position with regard to overtime is made clear in their contracts.

(시간외 근무에 대한 회사의 입장은 계약서에 명시되어 있다.)

In regard to voting online, do you really trust technology enough to handle something as important as voting?

(온라인에서 투표하는 것에 관하여, 당신은 투표와 같은 중요한 것을 충분히 다룰 수 있을 정도로 기술을 신뢰하는가?)

<regarding, as regards, as far as ... is concerned의 경우>

She has said nothing regarding your request.

(그녀가 당신의 요청에 대해서는 아무 말이 없었어요.)

I also have a bad memory regarding bad handwriting.

(나에게도 잘못 쓴 손 글씨에 관련된 안 좋은 기억이 있다.)

Call me if you have any problems regarding your work.

(당신의 작업과 관련하여 무슨 문제가 있으면 제게 전화를 주세요.)

I cannot agree with you as regards that.

(나는 그것에 관해서는 네게 동의할 수 없다.)

As regards the plane tickets, I'll see to them.

(비행기 티켓은 말야, 내가 힘써 볼게.)

I have little information as regards her fitness for the post.

(그녀가 그 직책에 적합한지에 대해서는 내가 갖고 있는 정보가 거의 없다.)

As far as food is concerned, the college has its own canteen.

(음식에 관한한, 그 대학은 자체 구내식당을 갖고 있다.)

Now forget about formality and seniority as far as learning is concerned.

(학문에 관한한, 이제 형식과 누가 연장자인지 따위는 잊어버리세요.

Nonetheless, there still exists a serious problem as far as South Korea's defense is concerned.

그럼에도 불구하고 한국의 방위에 관한 한 여전히 심각한 문제가 존재하고 있다.)

4 between과 among의 쓰임새

between은 위치나 시간이나 두 지점의 '사이[중간]에'나 관계의 '사이[간]의'라는 뜻으로, 누군가와 무언가의 양쪽에 사람들이나 사물들이 있을 때 주로 쓰이는 전치사이다. between A and B의 형태로 쓰인다. 그리고 among은 '…에 둘러싸인,…의 한가운데에, …중[사이]에'라는 뜻을 갖고 있는 전치사이다. 그렇지만 여기에서는 among이 between과 관련지어 '(셋 이상이 관련된) 분배 · 선택시) …간에, …중에서'라는 뜻으로 쓰인다. among은 집단 또는 무리로서 적어도 셋 또는 셋 이상인 사람들이나 사물들에 관해 이야기할 때 쓰인다.

〈between의 경우〉

I sat down between Jo and Diana.

(나는 조와 다이애나 사이에 앉았다.)

It's cheaper between 6 p.m. and 8 a.m.

(오후 여섯 시에서 오전 여덟 시 사이에는 더 싸다.)

We fly between Rome and Paris twice daily.

(우리는 로마와 파리 간을 매일 두 차례 운항한다.)

The paper had fallen down between the desk and the wall.

(그 서류가 책상과 벽 사이에 떨어져 있었다.)

She was never able to heal the rift between herself and her father.

(그녀는 자신과 아버지 사이의 골을 결코 메울 수 없었다.)

그런데 in between은 둘 이상의 지점 · 물체 · 날짜 · 행사 등에 대해 '그 사이에'라는 뜻으로 쓰이는 부사이다.

I see her most weekends but not very often in between.

(나는 그녀를 주말에는 대부분 보지만 그 사이에는 자주 못 만난다.)

The house was near a park but there was a road in between.

(그 집은 공원에 가깝지만 그 사이에 도로가 있다.)

It's black or white, true or false, allowing nothing in between.

(그것은 흑과 백, 참 또는 거짓 등으로 구분되어 사이에 아무 것도 허용치 않는다.)

* 집단 가운데 개별적인 구성원을 구체적으로 명시하는 경우에는 among보다 between을 쓴다.

The treaty was signed between, Great Britain and France.

(그 조약은 영국과 프랑스 사이에 조인되었다.)

Switzerland lies between France, Germany, Austria and Italy.

(스위스는 프랑스, 독일, 오스트리아와 이탈리아 사이에 있다.)

There was a disagreement between Neil, John and Margaret.

(닐, 존과 마가렛 사이에 의견을 일치를 보이지 못했다.)

* 비교나 관계에 대해 이야기할 때는 among이 아닌 between을 쓴다. 이런 경우의 예는 a difference between..., a connection between..., a link between과 a friendship between...로서 대부분 쓴다.

It is because there is great temperature difference between day and night.

(낮과 밤에 일교차가 많이 나기 때문입니다.)

What are the differences between rugby league, rugby union and American football?

(럭비 리그, 럭비 유니온과 미식 축구와의 차이점은 무엇인가요?)

Students are able to see the connection between classrooms and the real world.

(학생들은 교실과 현실 사이의 연결 고리를 볼 수 있다.)

They are wrong to claim that there is a connection between unemployment and crime.

(실업과 범죄가 연관성이 있다는 그들이 주장하는 것은 잘못이다.)

There is no direct link between the chemicals and any of the disorders, yet.

(그 화학물질들과 그 장애들 간의 직접적인 관련은 아직 없다.)

According to the researchers, there is a link between stress and comfort eating.

(연구원들에 따르면, 스트레스와 먹을 것으로 위안 삼는 것에는 관련성이 있다고 한다.)

This book is about a wonderful friendship between a boy and a penguin.

(이 책은 한 소년과 한 펭귄의 멋진 우정에 대한 책이다.)

However, some animals form unusual friendships between different species.

(하지만, 어떤 동물들은 다른 종들 사이에 독특한 우정을 형성하기도 한다.)

〈among의 경우〉

They strolled among the crowds.

(그들은 군중들 속에서 천천히 걸었다.)

He was among the last to leave.

(그는 마지막으로 떠난 사람들 가운데 있었다.)

I found the letter among his papers.

(나는 그의 서류들 가운데에서 그 편지를 발견했다.)

This attitude is common among the under-25s.

(이런 태도는 이십오 세 이하의 사람들 사이에서 흔하다.)

They divided the money up among the children.

(그들은 그 돈을 그 아이들에게 나누어 주었다.)

I eventually found the photograph among a pile of old letters.

* '일어나는, …의 전체에 걸쳐 있는'(occurring in), '…의 수[종류, 무리] 가운데 하나로/몇으로'(one/some of)이나 '~중에서'(out of)를 의미하는 경우에는 between을 쓰지 않고 among을 쓴다.

This is a proverb among the Korean,

(이것은 한국인에게 잘 알려진 속담이다.)

* 여기서 among은 occurring in의 뜻이다.

There is a mistake common among students.

(학생들에게 흔히 있는 잘못이 한 가지 있다.)

The disease has now broken out among the hill tribes.

(그 질병은 지금 언덕에 사는 종족들에게 흔히 발병한다.)

He is among the best skiers.

(그는 가장 뛰어난 스키 타는 사람들 가운데 한 사람이다.)

* 여기서 among은 one of의 뜻이다.

They are among the best hockey players in the world.

(그들은 세계에서 가장 우수한 하키 선수들 가운데 몇 명이다.)

Cancer is now among the commonest causes of death.

(암은 현재 가장 흔한 사망 원인 가운데 하나다.)

Among the things he invented was the electric bulb.

(그가 발명한 것 중에는 전구가 있었다.)

* 여기서 among은 out of의 뜻이다.

The chairman is chosen from among the members.

(의장은 회원 중에서 선출된다.)

Among the capital cities of South Africa, Quito is the second highest.

(남아프리카의 수도들 가운데 퀴토가 두 번째로 높은 위치에 자리를 잡고 있다.)

* among other things('특히, 다른 것도 있지만 그 중에서도, 많은 것들 가운데서, 이것저것 가운데'의 표현인 경우에는 between other things를 쓰지 않는다.

Among other things, I enjoy painting and gardening.

(다른 것도 있지만 나는 그림 그리는 것과 정원 가꾸는 것을 즐긴다.)

It is said to strengthen the liver and to increase one's longevity among other things.

(여러 가지 다른 것도 있지만 그 중에서 간을 튼튼하게 해주며 장수하게 해 준다고 알려져 있다.)

A: What was wrong with the job?

B: Well, the pay wasn't good, among other things.

(A: 그 직장은 뭐가 문제였죠?

B: 음, 이것저것 가운데 특히 보수가 안 좋았어요.)

어떤 사물들이나 사람들 집단에게 또는 어떤 사물들이나 사람들 집단에 의해 무엇이 이루어지는 것에 관해 이야기하기 위한 경우에는 between과 among 둘 다 쓸 수 있다.

The money is to be divided between/among the towns in the area.

(그 돈은 그 지역에 있는 마을에게 분배되어져야 한다.)

The prize will be shared between/among the first six finishers in the race.

(그 상은 경주에서 첫 여섯 명의 마지막 주자에게 주어질 것이다.)

익힘문제

* 다음 글에서 틀린 부분이 있으면 고쳐 쓰세요.

1. We have 4 classes in a day.

2. They usually work 39 hours in a week.

3. I haven't seen any good films in this year.

4. As regard to the first point in your letter...

5. I returned to Germany after two years' time.

6. I rarely go to the market buying vegetables.

7. He is very popular among the people of Japan.

8. There was almost a nuclear disaster in last year.

9. Children between three to five go to kindergarten.

10. Beside football, he also plays tennis and badminton.

11. I ate breakfast and dinner but nothing (in) betweens.

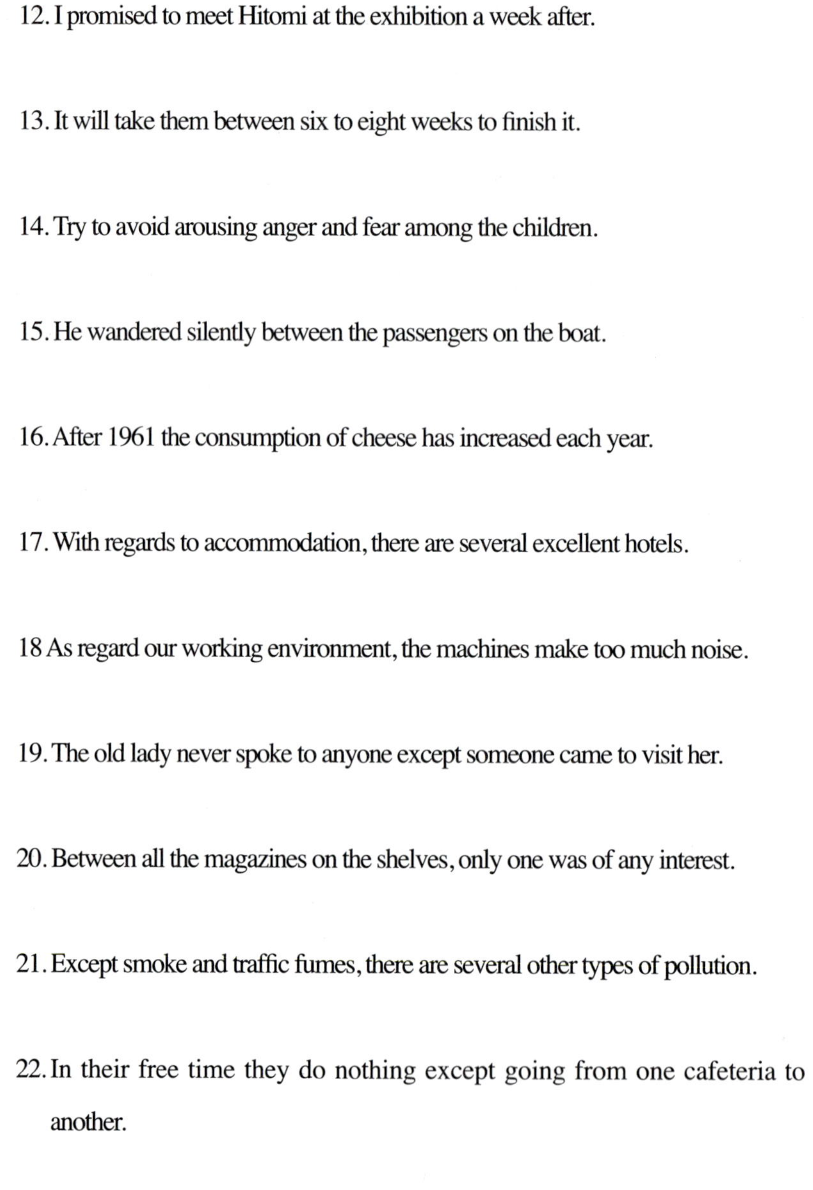

12. I promised to meet Hitomi at the exhibition a week after.

13. It will take them between six to eight weeks to finish it.

14. Try to avoid arousing anger and fear among the children.

15. He wandered silently between the passengers on the boat.

16. After 1961 the consumption of cheese has increased each year.

17. With regards to accommodation, there are several excellent hotels.

18 As regard our working environment, the machines make too much noise.

19. The old lady never spoke to anyone except someone came to visit her.

20. Between all the magazines on the shelves, only one was of any interest.

21. Except smoke and traffic fumes, there are several other types of pollution.

22. In their free time they do nothing except going from one cafeteria to another.

23. The main purpose of the visit to develop a closer relationship among the two countries.

24. Regarding to your letter of 22 November, I have referred your query to our accounts department.

25. Of other things, "Jeongseon Arirang," "Milyang Arirang," and "Jindo Arirang," the three most prominent versions, will come into the spotlight.

ANSWERS

1. in a day→a day, 2. in a week→a week, 3. in this year→this year, 4. As regard to→As regards, 5. after two years' time→two years later, 6. buying→to buy, 7. among→with, 8. in last year→last year, 9. between three to five→between three and five, 10. Beside→Besides, 11. betweens→between, 12. after→later, 13. Answer: to→and, 14. among→in, 15. between→among, 16. After→Since, 17. With regards to→With regard to, 18 As regard→As regards, 19. except→unless 또는 except when, 20. Answer: Between→Among, 21. Except→Besides, 22. going→go, 23. among→between, 24. Regarding to→Regarding, 25. Of→Among, * 여기서 Among other things는 '그 중에서도'라는 뜻이다.

PART 10

조건과 가정

1 if와 when의 차이

2 if와 whether의 차이

3 unless와 if... not의 차이

4 even though와 even if의 차이

2 뒤섞인 가정법

3 in case와 unless의 쓰임새

4 가정법 현재와 가정법 과거

1 if와 when의 차이

If you stop smoking, I'll marry you.(당신이 담배를 끊으면 당신과 결혼할 게.)라는 글에서 if가 when과 거의 같은 뜻으로 쓰인다. 이 경우 if는 으레 그렇게 된다는 법칙적인 조건을 나타내어 '…면, …하기만 하면'이란 뜻으로 when((…한) 후에, …하면, …인 때[경우]에)의 뜻에 가깝다. 그렇지만 when은 if 보다 훨씬 더 확실한 행동이나 사건에 대해 쓰인다. 다음 글에서 if와 when의 차이는 어떻게 될까? 다음 예문을 통해 보다 더 자세히 살펴보기로 한다.

① If I see him, I'll tell him the news.

② When I see him, I'll tell him the news.

①의 글은 내가 그를 보려는 사실이 확실치 않은 경우를 일컫는다. 그런데 ②의 글은 내가 그를 보려는 사실을 알고 있는 경우를 일컫는다.

그리고 If가 '…할 때는 언제든지'(whenever)라는 뜻으로 쓰이기도 한다.

If I have any questions, I ask.

(질문이 있을 때는 언제든지 묻는다.)

If he needs money, he asks his father.

(그는 돈이 필요할 때는 언제든지 아버지에게 조른다.)

She gets very upset if I exclude her from anything.

(내가 그녀를 어떤 것에서 배제할 때는 언제든지 아주 속상해 한다.)

〈if의 경우〉

If metal gets hot it expands.

(금속은 열을 받으면 팽창한다.)

She glares at me if I go near her desk.

(그녀는 내가 자기 책상 앞에 가기만 하면 나를 쏘아 본다.)

If you touch a hot stove, you'll get burned.

(당신이 뜨거운 난로에 닿으면 화상(火傷)을 입는다.)

If cars don't have mirrors, it is impossible to drive.

(자동차에 거울이 없다면 운전하는 것이 불가능합니다.)

If you do not have security, then you cannot have freedom.

(당신에게 안전이 없다면, 자유가 있을 수 없다.)

〈when의 경우〉

Call me when you've finished.

(끝나면 전화 해.)

When you need money, come (to) see me.

(자네가 돈이 필요하면 언제든지 내게 오너라.)

When I go out tonight, I'll have dinner in a restaurant.

(내가 오늘 밤 외출하면 식당에서 저녁을 먹을 것이다.)

How can they expect to learn anything when they never listen?

(그들이 생전 귀 기울여 듣지를 않는데 어떻게 뭘 배우기를 기대할 수 있겠어요?)

You may go to the movies when you have finished your homework.

(넌 숙제가 끝나면 영화 보러 가도 좋다.)

2 if와 whether의 차이

if는 여건이나 조건과 가정을 나타내는 글을 이끄는 부사절로 쓰이는 경우와 명사절을 이끄는 명사절로 쓰이는 경우가 있다. if가 명사절로 쓰이는 경우, 우리나라에서는 if는 whether와 같은 뜻으로 쓰인다고 설명한다. 그런데 if와 whether가 같이 쓰이는 경우가 있긴 하지만, 좀 더 자세히 들여다 보면 if와 whether는 쓰임새에 있어서 차이가 있다. if와 whether는 두 가지 가능성이 이야기 되거나 생각되는 것을 말하기 위해 사용된다. 그리고 if와 whether는 사람들이 무언가에 대해 확신할 수 없는 것을 말하기 위해 사용된다.

I don't know if/whether he will come.

(그가 올지 어떨지 모르겠다.)

He asked if/whether I knew Chinese.

(그는 내가 중국어를 아는지 물었다.)

Do you know if/whether Ben's at home?

(벤이 집에 있는지 어떤지 당신은 아세요?)

I don't know if/whether he's telling the truth or not.

(난 그가 진실을 말하는 건지 아니지 모르겠다.)

He glanced at his mother to see if/whether she was watching him.

(그녀가 자기를 보고 있는지 어떤지 확인하려고 그는 어머니를 흘끗 바라보았다.)

if는 접속사로서 '(가정적 조건을 나타내어) (만약[만일]) …면[이라면], …이라는 조건이라면, …인 때[경우]에는, (will/would와 함께 쓰여 정중한 요청을 나타내어) …면'이란 뜻으로 쓰인다. 그리고 if는 ask, know, find out나 wonder 등의 동사 뒤에 쓰여 두가지 이상의 가능성 가운데 하나를 도입할 때 쓰이면서 '…지'라는 뜻으로 쓰인다. 이 경우 우리는 whether와 같은 뜻으로 쓰인다고 말한다. whether는 접속사로서 '…인지 (아닌지 · (아니면) ~인지, …이든 (아니든 · (아니면) ~이든'이란 뜻으로 쓰인다. 그러니까 if가 이끄는 절이 부사절이 아닌 명사절로 쓰일 경우 whether와 같은 뜻으로 쓰인다고 말한다. 그렇지만 명사절로 쓰이는 경우의 if와 whether의 쓰임새는 사뭇 다르다고 볼 수 있다.

◈ if와 whether가 다르게 쓰이는 경우

① whether의 경우 보통 whether 바로 다음에 or not이 올 수 있지만, if의 경우 if 다음에 or not이 바로 올 수 없고, 만약 넣는 경우에는 글 뒤에 올 수 있다.

I don't care if she's coming or not.

(그녀가 오건 말건 나는 상관하지 않아.)

→ I don't care if or not she's coming.(X)

I don't care whether or not she's coming.

(그녀가 오건 말건 나는 상관하지 않아.)

I don't know if/whether Clare's going to wait for us or not.

(클레어가 우리를 기다리는지 어떤지 나는 모르겠다.)

I didn't know if Tom was coming or not.

(탐이 올지 어떨지 몰랐다.)

Understand the job market and study the positions that are open and if or not you qualify for them.

(인력 시장을 이해하고 구할 수 있는 직책들을 찾아 당신이 그 직책들에 적한지 어떤지 검토해 보세요.)

I'm going whether you like it or not.

(네가 좋아하든 안 하든[말든] 난 갈 거야.)

Whether or not we're successful, we can be sure that we did our best.

(우리가 성공을 하든 못 하든, 우리가 최선을 다 했다는 것은 확신할 수 있어.)

그런데 I'll tell you later if I can find the time.와 I'll tell you later, if I can find the time.는 어떤 차이가 있을까? 그러니까 콤마(,) 들어가는 경우와 들어가지 않는 경우의 차이는 어떻게 날까?

I'll tell you later if I can find the time.(내가 시간이 생길지 어떨지 나중에 알려 주겠다.)라는 뜻이지만, 콤마가 들어가는 I'll tell you later, if I can find the time.(만약 시간이 생기면, 나중에 알려 주겠다.)은 조건의 뜻을 담고 있다.

② 전치사 다음—전치사 다음에 if를 쓰는 경우에는 가끔 격식을 차리지 않는 경우에 사용되기는 하지만—과 to 부정사 앞에서는 whether를 쓴다.

There are doubts about whether the system is safe.

(그 시스템이 안전한지 그렇지 않은지에 관해 의심이 간다.)

We depend on whether the government lets us work or not.

(정부가 우리에게 일을 하도록 허용할 것인지 어떤지 여부에 우리는 의존하고 있다.)

In the U.S., the debate over whether to teach sex education at public schools is over.

(미국에서는 공립학교에서 성교육을 할 것인가 말 것인가에 관한 논쟁은 끝이 났다.)

A: How much will the computer cost?

B: That depends on whether/if I get one with a 15 or 17-inch screen.

(A: 컴퓨터 가격이 얼마나 될까요?

B: 그건 내가 십오 인치 화면의 컴퓨터냐 십칠 인치 화면이 있는 컴퓨터를 사느냐에 따라 다르지요.)

＊ 이 경우 if는 격식을 차리지 않는 경우에 쓰인다.

She can't decide whether to marry him.
(그녀는 그와 결혼할 것인지 안 할 것인지 결정할 수 없다.)
I don't know whether to accept or refuse.
(내가 받아들여야 할 것인지 거절해야 할 것인지 모르겠다.)
How do schools know whether to take the evaluations seriously or not?
(어떻게 학교가 그 평가들이 신중히 취해지는 지 아닌지를 알 수 있습니까?)

③ 명사/형용사 +as to whether는 '…에 대한, …에 관한[관련된]'(=about, concerning)이란 뜻을 나타내는 명사/형용사+as to whether의 구문에서 사용한다.
She was undecided as to whether to fly or go by train.
(그녀는 비행기를 타고 가야 할지 기차로 가야할 지에 대해 결정하지 못했다.)
＊ 형용사+as to whether의 경우이다.
If you are in any doubt as to whether you should be doing these exercises, consult your doctor.
(당신이 이런 운동을 해도 되는지 조금이라도 의심스러우면 의사와 상의하라.)
＊ 명사+as to whether의 경우이다.
There is some doubt as to whether the illness is infectious.
(그 병이 전염이 되는지 아닌지에 관해서는 약간 의심할 여지가 있다.)
There has been a series of disputes as to whether the gold rallies will continue in the coming months.
(금 반등이 다음 달에도 계속될 지의 여부에 관해 일련의 분쟁이 있었다.)
The public is now curious as to whether the opposition will field a unified candidate.

(지금 국민이 가장 궁금해 하는 것은 야권 후보의 단일화일 것이다.)

I am curious as to whether or not you have received the material that I sent to you, and if you have had the opportunity to examine it.

(제가 보내 드린 그 자료를 당신이 받으셨는지 그리고 검토를 혹시 해보셨는지 궁금해서 연락을 드립니다.)

* 이런 구문에 사용되는 명사—conflict, confusion, debate, discussion, doubt, question, speculation과 uncertainty 등—와 형용사—concerned, indifferent, uncertain, undecided와 unsure 등—이다.

④ advise, choose, consider, depend on, discuss, talk about, think about와 같은 동사 다음에는 if 보다 whether를 더 좋아한다.

Then, think about whether you are stressed out or not.

(그렇다면, 당신이 스트레스를 받은 적은 없는지 생각해 보아라.)

If so, you have to consider whether you have a phobia.

(만일 그렇다면, 당신은 공포증을 가지고 있을지 모른다는 점을 고려해야 한다.)

That depends on whether our creditors will give us additional time to pay them.

(채무자들이 상환 기간을 더 줄지 어떨지에 달려 있죠.)

The debate here is to discuss whether the choice to die is a matter for the individual or the state.

(여기에서 논란이 되는 것은 죽을 것인지를 선택하는 것이 개인이나 국가의 문제인가 하는 것이다.)

Consumers should be given all the information, so that they can choose whether or not to buy certain products.

(소비자들은 그들이 어떤 제품을 구매 할 것인지 선택할 수 있도록 모든

정보를 제공 받아야 한다.)

⑤. 주어와 보어로서 역할을 하는 절에서는 whether를 사용한다.

The question is whether Paul would do so.

(그 문제는 폴이 그렇게 하느냐에 달려 있다.)

The point is whether or not he will understand it.

(그가 그것을 이해하느냐 못 하느냐가 문제다.)

The first issue is whether he knew was committing a crime.

(그 첫 번째 관심사는 그가 죄를 저질렀느냐 그렇지 않느냐이다.)

Whether the minister will quit over the issue remains to be seen.

(장관이 그 쟁점에 대해 그만 둘 것인지 여부는 아직 지켜봐야 한다[결과를 속단할 수 없다].)

Whether he is wearing a wedding ring or not has no relation to how he conducts matters of the country.

(그가 결혼반지를 끼고 있는지 여부는 그가 어떻게 국정을 수행하는 지와는 어떤 관련도 없다.)

Whether Hyundai will become a second GM or another Toyota will depend on how its management and union go about making concerted efforts through mutual concessions.

(현대차가 제 이의 지엠이 될지 또 하나의 도요타가 될지는 노사가 어떻게 상호 양보를 통해 혼연일치된 노력을 보여주느냐에 달려있다.)

* It depends on if가 아닌 It depends on whether가 쓰인다.

It all depends on whether or not she's got the time.

(모든 것은 그녀가 시간이 있는지 없는지에 전적으로 달려 있다.)

It all depends on whether my Mom allows me to go.

(우리 엄마가 내가 가도록 허락하시느냐 안 하시느냐에 달려 있어요.)

We don't know yet. It all depends on whether the car is fixed in time.

It depends on whether he's truly remorseful or just saying to get back in your good graces.

(그건 사람이 진심으로 후회하는지 아니면 그냥 네가 화 그만 내라고 말하는 거냐에 따라 다르지.)

⑥ 글의 내용에서 애매함이 생길 경우에는 whether가 쓰인다.

Let me know whether you are coming or not.

(오실지 안 오실지를 알려 주세요.)

* 만약 whether 대신에 if를 쓰게 되면(Let me know if you are coming or not.)<만약 오신다면 알려 주세요>라는 뜻이 된다.

Please let me know whether you'll approve it.

(받아들일 수 있는지를 알려주세요.)

Please consider this and let me know whether it is acceptable.

(이것을 고려해보시고 수락 가능 여부를 알려주시기 바랍니다.)

⑦ whether는 글이 시작될 때 낱말 or와 함께 쓰인다.

Whether it rains or not doesn't matter.

(비가 오건 말건 상관이 없다.)

Whether you see Jamie or not, call me later.

(당신이 제이미를 보건 말건 나에게 나중에 전화해.)

Whether you like it or not. I'm taking you to the doctor.

(네가 그것을 좋아하든 그렇지 않든 나는 너를 의사에게 데리고 갈 거야.)

3 unless와 if… not의 차이

unless는 '…하지 않는 한, …이 아닌 한, …한 경우[때] 외에는, 하지 않는다면, 제외하면, …한다면 모를까'란 뜻으로 쓰인다. unless는 if ... not('그렇지 않다면[그것이 아니라면]')와 except that('…라는 점만 제외하면, …라는 것 외에는')의 뜻으로 쓰인다.

He never loses his temper unless provoked.

(건드리지 않는 한 그는 결코 자제심을 잃지 않는다.)

Have a cup of tea—unless you'd prefer a cold drink?

(차 한 잔 해. 아니면 찬 음료를 하겠니?)

Unless something unexpected happens, I'll see you tomorrow.

(무슨 예상치 못한 일이 생기는 경우 외에는 내가 내일 널 만나게 될 것이다.)

You won't get paid for time off unless you have a doctor's note.

(의사의 진단서를 받지 않으면 근무하지 않은 시간에 대한 급여는 못 받는다.)

He hasn't got any hobbies—unless you call watching TV a hobby.

(그는 아무 취미가 없다. 텔레비전 보는 것도 취미라고 하지 않는 한은.)

unless는 장차 발생하거나 사실이 될 수 있는 일에 대해 말할 때 쓴다. 자기가 알기로 아직 발생하지 않았거나 사실이 아닌 일에 대해서는 if ... not을 쓴다.

I'll be there unless I have to work.

(내가 해야 할 일이 없으면 그 곳에 가도록 하죠.)

I won't tell them—not unless you say I can.

(그들에게 말하지 않을 게. 네가 그래도 된다고 말하지 않는 한은.)

That's all for today unless anyone has any question.

(누군가가 어떤 질문도 하지 않으면 오늘 끝마치겠습니다.)

If it were not for air, all living things would die.

(만약 공기가 없다면 모든 생물은 죽고 말 것이다.)

If we didn't have fingers, our lives would be very difficult.

(만약 우리에게 손가락이 없다면, 우리의 삶은 매우 힘들 거예요.)

If you weren't always in such a hurry, your work would be much better.

(당신이 늘 그렇게 서두르지 않는다면 당신의 작업이 훨씬 더 나을 거예요.)

unless는 조건을 나타내는 낱말이기 때문에 unless가 이끄는 절에서는 미래 시제 대신에 현재 시제가 쓰인다. 이 경우는 시간(after, as soon as, before, immediately, once, the moment, until, when, whenever, while 등)이나 조건(if, unless 등)을 나타내는 부사절에서 미래 시제 대신에 현재 시제를 쓰는 것도 마찬가지이다.

Don't come unless I tell you to.

(내가 너에게 오라고 하지 않으면 오지 마라.)

I'll be there unless I have to work.

(내가 해야 할 일이 없으면 그 곳에 가도록 하죠.)

Phone me next week unless you hear otherwise.

(달리 연락을 하지 않으면, 내주에 저에게 전화를 해주세요.)

I'll phone you as soon as I arrive at the airport.

(내가 공항에 도착하자마자 빨리 당신에게 전화할 게.)

It may be many years before the situation improves.

(상황이 개선되기까지는 여러 해가 걸릴지도 모른다.)

As long as the earth remains, day and night will never cease.

(지구가 존속하는 한 낮과 밤은 결코 없어지지 않는다.)

가끔 현재 대신에 현재완료를 사용하는 것도 가능하다.

She doesn't want to buy a car until she's passed her driving test.

(그녀가 운전면허 시험에 통과할 때까지 그녀는 자동차를 사고 싶지 않다.)

Once you've made a few friends, you won't feel so lonely.

(일단 당신이 몇몇 친구를 사귀게 되면 당신은 그렇게 외로움을 느끼지 않을 거예요.)

unless는 '…하지 않는 한, …이 아닌 한, …한 경우[때] 외에는'이란 뜻이다. unless가 if... not과 같은 뜻으로 쓰인다고 일반적으로 말한다. 그렇지만 unless와 if... not은 쓰임새에 있어서 차이가 있다.

먼저 unless와 if ... not이 함께 쓰이는 경우는 다음과 같다.

① 실제 일어날 수 있는 조건문에서 unless와 if ... not은 비슷한 의미로 종종 쓸 수 있다.

If the theatre isn't able to raise $300,000, it will have to close.

(그 극장이 삼십 만 달러의 기름을 마련할 수 없으면 문을 닫아야 할 것이다.)

Unless the theatre is able to raise $300,000, it will have to close.

(그 극장이 삼십 만 달러의 기름을 마련할 수 없으면 문을 닫아야 할 것이다.)

* 이 경우 It will have to close *only if* it can't raise the money.(기금을 마련할 수 없는 경우에만 그 극장은 문을 닫아야 할 것이다.)라는 뜻을 함축하고 있다. only if는 '…해야만'이란 뜻인데 이것은 어떤 일이 가능한 유일한 상황을 진술할 때 쓰인다.

They'll go on strike unless they get a pay rise.

=They'll go on strike if they don't get a pay rise.

(그들이 봉급인상을 받지 않으면 그들은 파업을 할 것이다.)

Unless the infection is treated urgently, there is a real danger that she will die.

=If the infection isn't treated urgently, there is a real danger that she will die.

(전염병이 긴급히 치료되지 않으면 그녀가 죽게 되는 실질적인 위험에 처하게 될 것이다.)

The man can't be prosecuted unless the police can prove he intended to steal the jewels.

=The man can't be prosecuted if the police can't prove he intended to steal the jewels.

(그가 의도적으로 보석들을 훔쳤다는 사실을 증명할 수 없으면 그 남자는 기소될 수 없다.)

◈ if ... not을 사용하는 경우

그러나 다음의 경우는 unless가 아닌 if ... not을 사용한다.

① if 절 안에 있는 사건이나 행위가 예기치 않은 것이거나 예상 밖인 내용이 주절에서 이야기할 때

I'll be amazed if Christie doesn't win.

(크리스티가 이기지 않으면 나는 놀랄 것이다.)

It'll be surprising if Rachel doesn't pass her piano exam.

(레이첼이 피아노 시험에 통과하지 않으면 놀랄 일이 될 것이다.)

It wouldn't be surprising if watching a tragic movie made you cry.

(슬픈 영화를 보면 울게 되는 것이 놀랍지 않을 것이다.)

② 의문문에서 보통 if를 사용한다.

If you don't pass the test, what will you do?

(만일 자네가 시험에 통과하지 못하면 자네는 무얼 할 건가?)

Where will you stay if Louise isn't at home?
(만약 루이스가 집에 없다면 당신은 어디에 머무를 건가요?)
If history is not necessary then why do we have museums?
(만약 역사가 불필요하다면 우리는 박물관에 왜 가는 걸까?)

③ 'only if'의 함축된 의미가 적용되지 않을 때 사용한다. only if는 '…해야만'이란 뜻인데 이것은 어떤 일이 가능한 유일한 상황을 진술할 때 쓰인다.
If he wasn't so clumsy, he'd be the best person to do the work.
(만일 그가 그렇게 서투르지 않았다면 그는 그 일을 하기에 가장 훌륭한 사람이었을 것이다.)
If it wasn't the best performance of *Hamlet* I've seen, it was certainly the strangest.
(만약 그것이 내가 본『햄릿』가운데 가장 잘 된 공연이 아니었다면, 그것은 분명히 가장 이상했다.)
If they weren't the tastiest strawberries I've ever eaten, they were definitely the biggest.
(만약 그것들이 내가 지금까지 먹어 본 가장 맛있는 딸기가 아니었더라면 그들은 확실히 가장 컸다.)

④ 비현실적인 조건문에서는 unless 보다 if ... not을 보통 사용한다.
If I weren't so tired, I'd give you a hand.
(만약 내가 그렇게 피곤하지 않으면 내가 너를 도와줄 텐데.)
If she hadn't gone to university, she would have gone into the army.
(만약 그녀가 대학에 갔더라면 그녀는 육군에 들어갔을 텐데.)
She would have died if the doctors hadn't operated immediately(=but they did).

(의사들이 즉각 수술을 하지 않았더라면 그녀는 죽었을 텐데.),

* 그런데 if not은 1) '그렇지 않다면[그것이 아니라면]'이란 뜻으로 쓰인다. 이 경우에는 if로 시작하는 글 뒤에 써서 다른 내용의 제안을 도입할 때 쓰인다. 그리고 if not은 2) '(그래요 또는 아니요 의문문<yes/no question> 뒤에서) 아니면'과 3) '…까지 는 아니다 하더라도'라는 뜻으로 쓰인다.

〈1)의 경우〉

If not, don't worry.

(그렇지 않더라도 걱정하지 말아라.)

If not, you can be misunderstood!

(만약 그렇지 않으면, 여러분은 오해를 받을 수 있습니다!)

I'll go if you're going. If not I'd rather stay at home.

(네가 가면 나도 갈 거야. 그게 아니면 그냥 집에 있을래.)

〈2)의 경우〉

Do you want that cake? If not, I'll have it.

(그 케이크 너 먹을 거니? 아니면 내가 먹을래.)

Are you ready? If not, I'm going without you.

(준비 다 됐니? 아니면 난 너 없이[두고] 갈 거야.)

Do you agree with my conclusion, and if not, why?

(나의 결론에 동의하십니까? 그리고 아니면 왜요?)

〈3)의 경우〉

Most, if not all, packaged foods have expiration dates.

(모두는 아닐지라도, 대부분의 포장 음식은 유효기간이 있다.)

They cost thousands if not millions of pounds to build.

(그것들을 짓는 데는 수백만 파운드까지는 아니라 하더라도 수천 파운드가 들었다.)

I didn't, and I thought my English was good enough, if not very good.

(나는 그렇지 못했는데, 당시에 난 내 영어실력이 매우 좋지는 않더라도 충분히 좋다고 생각했다.)

◈ unless를 사용하는 경우

그런데 다음의 경우는 if ... not이 아닌 unless를 사용한다.

① 주절이 부정적인 내용일 때 비현실적인 조건문에서 사용될 수 있다.

She wouldn't have gone to university unless her parents had insisted.

(그의 부모님이 주장하지 않았더라면 그녀는 대학에 가지 않았을 텐데.)

② 나중에 생각한 것을 소개할 때

He hasn't got any hobbies—unless you call watching TV a hobby.

(그는 아무 취미가 없다. 텔레비전 보는 것도 취미라고 하지 않는 한.)

We can leave now — unless you'd rather wait for Jack, of course.

(우리는 지금 떠날 수 있다. 물론 당신이 물론 잭을 차라리 기다리고 싶지 않는한.)

John was expecting us, but I've knocked and rung on the bell and there's no answer — unless he's gone next door to see the neighbors.

(존은 우리를 기다리고 있었다. 그러나 나는 노크를 하고 초인종을 눌렀다. 아무도 대답이 없었다. 그가 이웃 사람들을 만나러 이웃에 가지 않는 한.)

③ 관계절이 긍정적인 구를 언급할 때

We can walk to the cinema unless it's raining, in which case we'll get a taxi.

(우리는 비가 오고 있지 않으면 영화관까지 걸을 수 있다. 그런 경우에는[비가 오는 경우] 우리는 택시를 탈 것이다.)

Unless he's willing to submit to a sex change, in which case he's allowed to live.

(그가 기꺼이 성전환을 하지 않으면, 그런 경우에[성전환을 하는 경우에] 그는 사는 것이 허락될 것이다.)

I can borrow my brother's tent unless he's using it, in which case I'll have to buy one.

(나는 내 형[남동생/오빠]가 텐트를 사용하지 않으면 그의 텐트를 빌릴 수 있다. 그런 경우에는[그가 텐트를 사용하는 경우에는] 나는 텐트 하나를 사야 할 것이다.)

④ except if('…하는 경우가 아니라면')의 뜻을 갖고 있는 조건문에서

Don't come unless I tell you to.

(내가 너에게 오라고 하지 않으면 오지 마라.)

Don't call me at the office unless it's absolutely necessary.

(그것이 전적으로 필요하지 않으면 사무실에 있는 나에게 전화를 걸지 마라.)

You can't travel on this train unless you have a reservation.

(당신이 예약하지 않으면 이 기차로 여행할 수 없다.)

⑤ 미래에 관해 이야기할 때 unless와 더불어 현재 시제를 사용한다.

Unless it rains, I'll pick up at 6:00.

(비가 오지 않으면, 내가 여섯 시에 데리러 갈 게.)

Unless Brad comes soon, I'm going without him.

(브래드가 곧 오지 않으면, 나는 그 없이 갈 것이다.)

Phone me next week unless you hear otherwise.

(달리 연락을 하지 않으면, 다음 주에 나에게 전화를 해주세요.)

4 even though와 even if의 차이

even though와 even if는 '…에도 불구하고[…이긴 하지만], …라 하더라도'라는 뜻으로 쓰인다. 그런데 이 두 가지가 쓰이는 상황이 다르다. even though는 조건이 사실인 경우에 쓰이면서(The condition is true), '사실임에도 불구하고'(despite the fact that)의 뜻이다. even if는 조건이 사실일 수도 있고, 사실이 아닐 수도 있는 경우에 쓰이면서The condition may or may not be true). '…이고 아니고라 도'(whether or not의 뜻이다. 그리고 even if는 대조를 표현하거나 어떤 놀랄만한 정보를 제공하기 위해 사용한다.

I'll try to be there even though I'm busy.(=I'm busy, but I will try to be there.)

(나는 바쁘다. 그러나 내가 그곳에 가도록 노력할 것이다.)

I'll try to be there even if I'm busy.(=I may or may not be busy. Either way, I will try to be there.)

(내가 바쁠지 바쁘지 아닐지 모른다. 두 가지 상황 가운데 어느 한 가지 상황에 처하 더라고 그곳에 가보도록 노력할 것이다.)

<even though의 예>

I like her, even though she can be annoying at times.

(난 그녀를 좋아해. 그녀가 가끔 짜증스러울 때도 있지만 말야.)

She wouldn't change it, even though she knew it was wrong.

(그녀는 그것이 잘못된 것인 줄 알면서도 바꾸려고 하지 않았다.)

Even though I didn't win the competition, it was a lot of fun.

(시합에서 이기진 못했지만 정말 즐거웠어.)

Even though it's sung in different languages, the melody is universal.

(그것이 다른 언어로 불려질지라도, 멜로디는 전 세계적입니다.)

Even though he knew that it was bad for his health, he couldn't stop.

(그것이 그의 건강에 좋지 않다는 것을 알았지만, 그는 멈출 수 없었다.)

〈even if의 예〉

I'll get there, even if I have to walk.

(난 걸어서라도 거기 갈 거야.)

Even if it does happen, it happens once in a blue moon.

(심지어 그것이 발생한다고 해도, 그것은 극히 드물게 발생합니다.)

Even if I kill this spider in the morning, nothing's going to happen.

(내가 아침에 거미를 죽인다고 하더라도, 아무 일도 일어나지 않을 거야.)

Even if someone is yelling at you, do not respond in the same way.

(비록 누군가 여러분에게 소리를 쳤다고 해도, 똑같이 반응해서는 안됩니다.)

Even if you want to say something, wait until the speaker finishes talking.

(비록 여러분이 무언가를 말하고 싶더라도, 말하는 사람이 얘기를 끝마칠 때까지 기다리세요.)

5 뒤섞인 가정법

뒤섞인 가정법[혼합 가정법]은 한 개의 가정법 글에서 가정법의 기본 형태와 일치하지 않고 주절과 종속절의 시제가 다르게 나타나는 경우를 일컫는다. 뒤섞인 가정법은 과거 사실의 반대와 현재 사실의 반대를 동시에 가정할 때 쓰이는데, '(과거에) …했다면, ~(현재) 할텐데'라는 뜻으로 쓰인다.

① 'If+주어+had+과거분사~, 주어+would, should, could, might+동사의 원형'

이 경우가 대부분의 뒤섞인 가정법으로 많이 쓰인다.

If I <u>had taken</u> your advice, I <u>would be</u> happy.

(내가 <그 때> 당신의 충고를 들었더라면, 나는 <지금은> 행복할 텐데.)

(=As I did not take your advice, I am not happy.)

(=I did not take your advice, so I am not happy.)

You would know what was going on if you'd listened.

(당신이 귀 기울여 들었으면 어떤 일이 있었는지 알 것이다.)

If she had not married Edwin, she would be still single.

(그녀가 에드윈과 결혼하지 않았더라면, 그녀는 아직도 미혼일 텐데.)

If he had worked hard in his youth, he would be rich now.

(그가 젊을 때 열심히 일했더라면 그는 지금 부유할 텐데.)

If he had taken the doctor's advice, he might still be alive.

(만약 그 때 그가 의사의 충고를 들었더라면, 그는 지금 아직 살아 있을지도 모르는데.)

If I had followed your advice then, I should be happier now.

(만약 내가 그 당시에 당신의 충고를 따랐다면 나는 지금 더 행복할 텐데.)

If I had finished my report yesterday, I could hang out with my friends.

(내가 어제 보고서를 끝냈더라면, 지금 내 친구들과 놀 수 있을 텐데.)

If you had seen the amount of food he ate for breakfast this morning, you would understand why he has grown so fat.

(그가 오늘 아침 아침으로 먹은 음식의 양을 보았다면 당신은 왜 그가 그렇게 뚱뚱한지를 이해할 수 있을 것이다.)

② 'If+주어+과거형 동사, 주어+would, should, could, might+have+pp~'

If the environment did not modify the genes, how could evolution have occurred?

(만약 환경이 유전자들을 조작하지 않으면, 어떻게 진화가 일어났을까요?)

(=As the environment modifies the genes, evolution could occur.)

6 in case와 unless의 쓰임새

in case는 '(혹시라도)(…할) 경우에 대비하여, 만약 …인 경우에는, 만일 …이면, …하면 안 되니까'라는 뜻이다. in case는 영국영어에서는 예방책이나 예방 조치[수단]로서 행해지는 그 무엇에 관해 이야기할 때 쓰인다. in case는 미국영어에서는 가끔 조건절의 시작 부분에서 if와 같이 쓰인다.

그런데 unless는 '…하지 않는 한, …이 아닌 한, …한 경우[때] 외에는, 하지 않는다면, 제외하면, …한다면 모를까'란 뜻으로 쓰인다. unless는 if ... not와 except that의 뜻으로 쓰인다.

〈in case의 경우〉

Take your umbrella in case it rains.

(비가 오면 안 될 테니 네가 우산을 가지고 가거라.)

You'd better take the keys in case I'm out.

(내가 외출할지도 모르니까 네가 열쇠를 가져가는 게 좋을 거야.)

In case there is an accident, report it to me at once.

(사고가 나거든 나에게 곧 알려라.)

You probably won't need to call—but take my number, just in case.

([당신이] 아마 전화하실 필요는 없을 거예요. 하지만 만약을 위해 제 번호를 받아 놓으세요.)

I've brought my bathing suit in case we have a chance to use the pool.

(우리가 수영장을 사용할 수 있을지도 몰라서 나는 수영복을 가져왔다.)

〈unless의 경우〉

I won't tell them —not unless you say I can.

(그들에게 말하지 않을 게. 네가 그래도 된다고 말하지 않는 한은.)

Have a cup of tea—unless you'd prefer a cold drink?

(차 한 잔 해. 아니면 찬 음료를 하겠니?)

Unless something unexpected happens, I'll see you tomorrow.

(무슨 예상치 못한 일이 생기는 경우 외에는 내가 내일 널 만나게 될 것이다.)

You won't get paid for time off unless you have a doctor's note.

(의사의 진단서를 받지 않으면 근무하지 않은 시간에 대한 급여는 못 받는다.)

He hasn't got any hobbies—unless you call watching TV a hobby.

(그는 아무 취미가 없다. 텔레비전 보는 것도 취미라고 하지 않는 한은.)

7 가정법 현재와 가정법 과거

if로 시작하는 글은 부사절을 나타내는 것과 명사절을 나타내는 두 종류의 글이 있다. 그리고 if로 시작하는 부사절의 글은 크게 보아 조건이나 여건을 나타내는 내용과 머릿 속으로 상상하는 가정—가정법 미래, 가정법 과거, 가정법 과거완료, 뒤섞인 가정법—으로 나눌 수 있다. 여기서 가정법 현재라고 하는 것은 여건이나 조건이 맞고 상대방이 허락만 한다면 실제 그런 상황이 일어날 수 있는 경우를 말한다. 그런데 가정법 과거는 현재 에서 일어날 것 같지 않거나 상상하는 상황과 그 결과에 관해 이야기하거나 그 상황의 결과를 묘사할 때 쓰인다. 가정법 현재를 기본 조건문(zero conditional)로, 가정법 과거를 두 번째 조건문(secondon conditional)이라고도 한다.

그렇다면 if가 있는 절에서 현재 동사와 과거 동사가 쓰이는 경우에는 어떤 차이가 있을까? 다음 글에서 leave와 knew를 중심으로 두 글은 어떤 차이가 있을까?

① If you <u>leave</u> now, you'll be able to catch the 5 o'clock train.

② If I <u>knew</u> they were honest, I'd gladly lend them the money.

①의 글은 가정법 현재 또는 미래에 대한 불확실한 가정을 나타내는 표현법으로 '만일 ~라면 …일 것이다.'와 같은 뜻을 가진다. 흔히 If로 시작하는 조건절에서 동사원형을 쓰고, 주절에서는 미래형 또는 명령형의 동사를 사용한다. 그러나, 현대영어에서는 조건절에서 동사원형 대신에 현재시제를 많이 쓴다. 이와 같이 ② 문장은 '네가 지금 떠난다면, 다섯 시 기차를 잡을 수 있을 것이다.'로 옮길 수 있다.

<u>If + 주어 + 동사원형(현재시제) ~,</u>	<u>주어 + will/shall/can/may + 동사원형 ….</u>
조건절(종속절)	주절(귀결절)
만일 ~한다면,	… 할 것이다.

그런데 ②의 글은 가정법 과거로서 현재의 사실에 반대되는 것을 가정해서 나타내는 표현이다. 조건절의 동사나 주절의 동사가 모두 과거형을 사용하기 때문에 가정법 과거라는 명칭이 붙었을 뿐, 글의 내용은 현재시제이므로 과거로 옮기지 않도록 주의해야 한다. 즉, ②의 글은 '내가 그들이 정직하다는 것을 안다면, 기꺼이 그들에게 돈을 빌려줄텐데.'라고 옮겨진다. 이는 시실은 'As I don't know they are honest, I don't lend them the money.'(그들이 정직하다는 것을 모르기에, 나는 그들에게 돈을 빌려주지 않는다.)라는 뜻입니다.

If + 주어 + 동사의 과거형 ~,	주어 + would/should/could/might + 동사원형 ….
조건절(종속절)	주절(귀결절)
만일 ~한다면,	… 할텐데

정리하자면, ①의 글은 현재 사실의 반대가 아닌, 조건절의 상황이 실현만 된다면, 미래 사건이 발생될 가능성이 높은 것을 표현한 문장이다. 그런데 ②의 글은 현재 사실에 반대되는 것을 가정한 표현이기 때문에 현재 사실이 아닌 가상적 상황(hypothetical situation)을 표현한 것이다. 그런데 많은 경우에 가정법 현재 표현이 가정법 과거 표현 보다 더 많이 쓰이고 있다.

〈가정법 현재의 경우〉

If you need any money, let me know.

(만약 돈이 필요하거든 알려주시오.)

Take another sandwich if you're hurry.

(너 서둘러야 되면 샌드위치 하나 더 가져가.)

Let me know if he says anything interesting.

(만약 그가 흥미로운 어떤 이야기를 하면 나에게 알려주세요.)

If you have a cell phone, check that it is turned off.

(네가 휴대 전화를 갖고 있으면 그 전화가 꺼져 있는지 확인해 봐.)

If you do not keep up with the payments you could lose your home.

(분할 상환금을 꼬박꼬박 내지 않으면 집을 잃을 수도 있다.)

〈가정법 과거의 경우〉

If I knew his name, I'll tell you.

(내가 그의 이름을 안다면, 너에게 말할 텐데.)

If he improved his IT skills, he'd easily get a job.

(그가 정보통신 기술[아이티]을 향상 시킴면 직장을 쉽게 구할 텐데.)

If I knew his address, I'd give it to you.

(내가 그의 주소를 안다면 가르쳐 주겠는데.)

If you ran all the way, you'd get there in time.

(네가 줄곧 뛰어간다면 제시간에 도착할 수 있을 텐데.)

It would be a real coup if we could get front row tickets to that concert.

(만일 우리가 그 연주회의 앞좌석 티켓을 구한다면 정말 행운일 것이다.)

익힘문제

* 다음 글에서 틀린 부분이 있으면 고쳐 쓰세요.

1. I don't know when is she coming.

2. I don't know if to be pleased or offended.

3. It depends on if you've got enough money.

4. I won't tell them—not unless you say I can.

5. Bring something to eat unless you get hungry.

6. Even if I'm not a Buddhist, I really respect him.

7. We can go in my car unless if you prefer to walk.

8. He won't go to seel unless you will tell him a story.

9. They now have two weeks to decide if or not to buy.

10. Even if he doesn't have hands, he can do so many things.

11. Yet even though they had no meat they could still survive.

12. So even though they don't win a medal, they are not losers.

13. If it had not been for your help, I could not have succeeded.

14. You'll have to accept the invitation, even if you don't want to.

15. If she once decides to do something, you shall not change her mind.

16. If schools do not have lockers, where will students keep their stuff?

17. If you weren't always in such a hurry, your work will be much better.

18. The plane should be taking off shortly, as long as there won't any delays.

19. Your work would be much better unless you were always in such a hurry.

20. That depends on whether our creditors will give us additional time to pay them.

22. In case a woman goes out to work, she shouldn't have to do all the housework.

21. I advise you to eat something now in case there won't be any food when we get there.

23. If a developing country will become a developed country, it has to attract foreign investors.

24. Unless it ends up as identical twins, in which case it's "genetic code" isn't so unique at all.

25. Justin would go to the musical on the premiere if he was able to get an advanced ticket.

ANSWERS

1. when is she→when she is, 2. if→whether, 3. if→whether, 4. if you say→not unless you say, 5. unless→in case, 6. Even if→Even though, 7. unless if→unless, 8. will tell→tell, 9. if→whether, 10. Even if→Even though, 11. Answer: even though→even if, 12. even though→even if, 13. were not for→had not been for, 14. even if→even though, 15. shall not change→won't change, 16. Unless schools have→If schools do not have, 17. will→would, 18. won't be→aren't, 19. unless you were→if you were not, 20. if→whether, 22. In case→If, 21. won't be→isn't, 23. will become→is to become, 24. If it doesn't end up→Unless it ends up, 25. if he was able to→if he had been able to

PART 11

기타

1 while과 during의 차이

2 미국영어와 영국영어의 차이

3 up to date, to date와 so far의 차이

4 in spite of와 regardless of의 차이

5 that의 다양한 쓰임새

1 while과 during의 차이

while과 during은 '…하는 동안[사이], …하는 동안에, …하는 동안[내내], …하는 중에, …하면서'라는 뜻으로 서로 비슷하게 쓰이면서 when과 거의 비슷하게 쓰인다. 그렇지만 이 두 가지는 쓰이는 경우가 다르다.

while은 접속사이고, during은 전치사이다. 따라서 while은 기본적으로 절(clause)을 이끌고 있고, during은 명사구(noun phrase)를 이끈다. while의 경우 배경이 되는 행위 [행동]을 말하기 위해서 진행형 시제를 쓴다.

〈while이 '…하는 동안[사이], …하는 동안에'로 쓰이는 경우〉

While (I was) napping, I had a strange dream.

(내가 낮잠을 자는 동안에 이상한 꿈을 꾸었다.)

＊ 주절의 주어와 일치하는 경우, 종속절의 '주어+be 동사'는 생략이 가능하다.

Her parents died while she was still at school.

(그녀의 부모님은 그녀가 아직 학교에 다닐 때 돌아가셨다.)

We must have been burgled while we were asleep.

(우리가 잠이 든 사이에 도둑이 든 게 틀림없어.)

Keep your back straight while sitting at your desk.

(책상에 앉아 있는 동안 등을 똑바로 유지하세요.)

While we were on holiday, we did a lot of walking.

(우리가 휴가를 갖는 동안에 걷기를 많이 했다.)

〈while의 글에서 배경이 되는 행위[행동]을 나타내는 경우〉

You can go swimming while I'm having lunch.

(내가 점심을 먹는 동안에 난 수영을 하러 갈 수도 있어.)

While I was having a bath, the telephone rang.

(내가 목욕하고 있는 동안에 전화가 울렸다.)

While I was going home, I had a bad experience.

(내가 집에 가고 있는 동안에 좋지 않은 경험을 했다.)

While I was sleeping, I heard a loud roaring sound.

(내가 자고 있는 동안에 크게 웅웅거리는 소리를 들었다.)

While I was driving to the airport, my car broke down.

(내가 공항을 차를 몰고 가고 있는 동안에 내 자동차가 고장이 났다.)

그런데 while이 '…에 반하여, …인데도, …인 데 대하여, …하는 한편'이란 뜻으로 반대 · 비교 · 대조·양보를 나타내기도 한다.

While she wanted to marry him, her parents were against it.

(그녀는 그와 결혼하고 싶었지만 부모는 반대했다.)

While Tom's very good at science, his brother is absolutely hopeless.

(톰은 과학을 아주 잘 하는데 반하여 그의 형[남동생]은 완전 형편없다.)

While suicide rates are decreasing throughout the developed nations, it is rapidly increasing in Korea.

(자살률이 선진국에서는 감소하는 반면에, 한국에서는 급격하게 증가하고 있다.)

그리고 while이 글 맨 첫 부분에 쓰여 '…이긴 하지만, …에도 불구하고'라는 뜻으로 쓰이기도 한다.

While I'm willing to help, I do not have much time available.

(내가 기꺼이 도와주고 싶긴 하지만 낼 수 있는 시간이 많지 않다.)

While I agree with you, I do not believe that your way is best.

(내가 너에게 동의함에도 불구하고 나는 너의 방식이 최선이 아니라고 믿어.)

While she is a likable girl, she can be extremely difficult to work with.
(그녀가 호감이 가는 아가씨이긴 하지만 그녀와 함께 일하기에는 극히 어려울 수 있다.)

〈during이 …하는 동안[내내], …하는 중에(도), …사이에, …에[때](특정 기간 중의 한 시점을 가리킴)'라는 뜻으로 쓰이는 경우〉

Please remain seated during the performance.
(공연 중에는 자리에서 일어서지 마세요.)
I only saw her once during my stay in Rome.
(나는 내가 로마에 머물고 있을 때 그녀를 한 번 봤을 뿐이다.)
He was taken to the hospital during the night.
(그는 밤에 병원으로 실려 갔다.)
There are extra flights to Colorado during the winter.
(동절기(동안)에는 콜로라도까지 추가 비행편이 있다.
During the winter, the average temperature is 16 degrees Celsius.
(겨울 동안, 평균 기온은 섭씨 십육 도이다.)

* during은 'When ~?'의 질문에 답하는 것으로 어떤 일이 일어난 때를 나타낼 때 쓰이지만, for는 'How long ~?'의 질문에 대한 답을 나타낸다.

I will have a lot of fun during my vacation.
(나는 방학 동안 아주 즐거운 시간을 보낼 거야.)
A Mr. Kim called twice during your absence.
(김씨라는 분이 당신의 외출 중에 두 번 전화했어요.)
You have to live with other people during your lifetime.
(당신은 평생 동안 다른 사람들과 함께 살아야 한다.)

I stayed in London for a week.

(나는 런던에 일주일 동안 머물렀다.)

(I stayed in London during a week.(X))

I'm going away for a few days.

(제가 며칠 동안 자리[집]를 비울 거예요.)

I've been leaning English for two years.

(나는 이 년 동안 영어를 공부해오고 있다.)

* all로 시작되는 'How long ~?을 말하는 구일 경우에는 전치사인 during이 붙지 않는다.

It rained all night.

(밤새 비가 내렸다.)

The baby cried all night long.

(밤새도록 그 아이는 울었다.)

My uncle has known me all my life.

(나의 삼촌은 내 평생동안 나를 알고 있다.)

2 미국영어와 영국영어의 차이

같은 영어이긴 하지만 미국영어(American English)와 영국영어(British English)의 차이는 우리나라 사람들에게 아주 색다르게 느끼지는 것이 사실이다. 우리나라는 미국의 영향권 아래 놓여 있는 경우가 많기 때문에 우리들에게 익숙한 영어는 미국영어라고 할 수 있다. 따라서 영국영어를 보거나 듣게 되면 이해를 못하거나 당황하거나 아주 이상하게 느껴지는 경우가 대부분이다. 미국영어와 영국영어의 차이의 다양한 예를 보려면 책 한권으로도 부족하기 때문에 이 장에서는 미국영어와 영국영어를 쉽게 구별할 수 있는 방법만을 제시하고자 한다.

미국영어와 영국영어는 크게 보아 첫째, 발음의 차이, 둘째, 철자의 차이, 셋째, 뜻의 차이, 넷째, 문법의 차이와 다섯째 부호 표시의 차이로 나누어 볼 수 있다.

첫째, 발음의 차이

기본적으로 영어는 고저언어(pitch language)이기 때문에 기능낱말(function words)과 내용낱말(content words)이 낮고 높게 나면서 일정한 규칙인 리듬을 타게 된다. 그런데 한국어는 음절언어(syllable language)이기 때문에 길고 짧은 소리가 이어져 나가는 언어이다. 영어에서 내용낱말 또는 내용어는 크고, 강하게, 심리적으로 길게 느껴지고, 기능낱말 또는 기능어는 작고, 낮게, 심리적으로 짧게 느껴진다. 내용낱말은 글이나 말의 한 부분(part of speech)—우리나라에서는 이것을 품사(品詞)라고 한다—이 되는 것으로 설명하면 명사, 동사, 형용사, 부사와 의문사 등이 이에 해당된다. 그리고 기능낱말은 접속사, 전치사, 관사, be 동사와 도우미동사 등이 이에 해당된다. 따라서 미국영어이든 영국영어이든 고저언어로서의 특징을 그대로 나타난다. 그런데 다음과 같이 철자에 따라 발음의 차이가 있다. 일차적으로 철자 a와 o에 대한 발음의 차이를 아는 것이 중요하다. 그리고 크게 보아 미국영어는 약간 매끄러운 느낌이 들고, 영국영어는 약간 투박한 느낌이 든다. 그리고 음변화(sound changes)의 경우 미국영어는 음변화가 강하고, 영국영어는 음변화가 약간 약한 것이 사실이다. 미국영어는 AmE로 영국영어는 BriE로 표기한다.

1) 철자 a의 경우

일반적으로 철자 a는 미국영어에서 [æ]로, 영국영어에서는 [ɑ]로 발음된다.

after, ask, answer, branch, chance, dance와 pass 등

Can I ask a question?

(질문 하나 해도 돼요?)

They arrived shortly after 5.

(그들은 다섯 시 직후에 도착했다.)

The next dance will be a waltz.

(다음 춤은 왈츠입니다.)

2) 철자 o의 경우

일반적으로 철자 o는 미국영어에서 [ɑ]로, 영국영어에서는 [ɔ]로 발음된다.

box, copy, hot, job, pot와 stop 등

She took a job as a waitress.

(그녀는 웨이트리스로 취직했다.)

Do you like this hot weather?

(당신은 이렇게 더운 날씨를 좋아하세요?)

Is there any more tea in the pot?

(주전자에 차 더 있어요?)

3) 발음을 달리는 경우

laboratory(실험실): [ləbɑrətri](BriE)—[læbrətɔ:ri](AmE)

둘째, 철자의 차이

미국영어와 영국영어에서 철자의 순서와 철자의 길이에 있어서 차이가 난다.

① 철자의 순서

(a) 낱말의 끝부분이 -er인 것은 미국영어, -re인 것은 대부분 영국영어이다.

center(AmE)—centre(BriE), meter(AmE)—metre(BriE), theater(AmE)—theatre(BriE) 등., license(AmE)—licence(BriE) 등.

He will be running in the 100 meters tonight.(AmE)

(그는 오늘 밤 백 미터[경주]에 참가할 것이다.)

He will be running in the 100 metres tonight.(BriE)

(그는 오늘 밤 백 미터[경주]에 참가할 것이다.)

A meter equals 39.38 inches.(AmE)

A metre equals 39.38 inches.(BriE)

(일 미터는 삼십구점삼팔 인치와 같다[이다].)

(b) 낱말의 끝부분이 -se인 것은 미국영어, -ce인 것은 대부분 영국영어이다.

licence(AmE)—license(BriE), practice(AmE)—practise(BriE) 등.

James lost his licence for six months.(AmE)

James lost his license for six months.(BriE)

(제임스는 육 개월간 면허를 정지당했다.)

You need to practice every day.(AmE)

You need to practise every day.(BriE)

(너는 매일 연습을 해야 한다.)

② 철자의 길이

일반적으로 미국영어는 철자의 길이가 짧고, 영국영어는 철자의 길이가 길다.

예를 들면 honor(AmE)—honour(BriE), behavior(AmE)—behaviour(BriE), favor(AmE)—favour(BriE), labor(AmE)—labour(BriE), neighbor(AmE)—neighbour(BriE), tire(AmE)—tyre(BriE) 등이 있다.

There has to be a reason for his strange behavior.(AmE)

Our new neighbours are very friendly.(AmE)

Our new neighbours are very friendly.(BriE)

(우리 새로온 이웃 사람들은 아주 우호적이다.)

There has to be a reason for his strange behaviour.(BriE)

(그가 이상한 행동을 하는 데는 필시 무슨 이유가 있을 것이다.)

I was becoming more and more irritated by his behavior.(AmE)

(나는 그의 행동이 갈수록 더 (신경이) 거슬리기 시작했다.)

I was becoming more and more irritated by his behaviour.(BriE)

(나는 그의 행동이 갈수록 더 (신경이) 거슬리기 시작했다.)

Proving his innocence has become a matter of honor.(AmE)

(그의 무죄를 증명하는 것이 도의적인 문제이다.)

Proving his innocence has become a matter of honour.(BriE)

(그의 무죄를 증명하는 것이 도의적인 문제이다.)

③ 철자의 모양

recognize(AmE))—recognise(BriE), program(AmE)—programme(BriE)

Eventually, the fans realized that their idol had clay feet.(AmE)

(결국, 그 팬들은 그들의 우상이 결점이 있었다는 것을 깨달았다.)

Eventually, the fans realised that their idol had clay feet.(BriE)

(결국, 그 팬들은 그들의 우상이 결점이 있었다는 것을 깨달았다.)

The government has initiated a program of economic reform.(AmE)

The government has initiated a programme of economic reform.(BriE)
(정부에서 경제 개혁 프로그램을 착수시켰다.)

셋째, 뜻의 차이

미국영어와 영국영어에 있어서 낱말 뜻의 차이는 크게 보아 두 가지 방향으로 생각해 볼 수 있다. 첫째, 같은 대상인데 영어 낱말을 달리 나타내는 경우와 같은 영어인데 대상이 다른 경우가 있다.

① 같은 대상의 다른 표현

- '지하철'의 경우 미국영어는 'subway'이고, 영국영어는 'tube'이다.
- '2층'의 경우 미국영어는 'second floor'이고, 영국영어는 'first floor'이다.
- '사탕 과자'의 경우 미국영어는 'candy'이고, 영국영어는 'sweets'이다.
- '소포'의 경우 미국영어는 'package'이고, 영국영어는 'parcel'이다.
- '중고의'의 경우 미국영어는 'used'이고, 영국영어는 'second-hand'이다.

② 같은 영어인데 대상이 다른 경우

- 'subway'의 경우 미국영어는 '지하도'이고, 영국영어는 '지하철'이다.
- 'billion'의 경우 미국영어는 '10억'이고, 영국영어는 '1조'이다.
- 'pants'의 경우 미국영어는 '바지'이고, 영국영어는 '반바지'이다.
- 'corn'의 경우 미국영어는 '옥수수'이고, 영국영어는 '곡물'이다.
- 'barn'의 경우 미국영어는 '외양간'이고, 영국영어는 '창고, 헛간'이다.

넷째, 문법의 차이

문법면에서 미국영어와 영국영어의 차이 가운데 먼저 알아두어야 할 것들만 제시한다.

① 명사(team이나 company 등)의 단수형과 복수형의 차이

the team is worried(AmE)—the team are worried(BriE)

The Clash is a well-known band.(AmE)—The Clash are a well-known band.(BriE)

The Beatles are a well-known band.(AmE와 BriE 공통)〈team 등이 복수인 경우〉

New England is the champion.(AmE)—New England are the champions.(BriE)

The Patriots are the champions"(AmE와 BriE 공통)

② 시제의 사용에서의 차이

Did you clean your teeth?(AmE)—Have you cleaned your teeth?(BriE)

* 영국영어에는 already, just나 yet 등의 낱말과 함께 가까운 과거에 일어난 사건에 대해서 현재완료 시제를 사용한다. 그러나 미국영어에서는 현재완료 또는 단순 과거 시제를 사용한다.

Did you do your homework yet?(AmE)—Have you done your homework yet?(BriE)

I just got home.(AmE)—I've just got home.(BriE)

They suggested that he apply for the job.(AmE)—They suggested that he should apply for the job.(BriE)

* 당위성을 나타내는 가정법인 경우 미국영어에서는 should를 생략하는 것이 더 흔하다.

③ 동사 변형

(a) -ed가 붙어 과거형이 되는 동사들

dreamed, leaped, learned, spelledAmE)—dreamt, leapt, learnt, spelt(BriE)

(b) 기타 동사의 과거형

fit, forecast, knit, lit, wed(AmE)—fitted, forecasted, knitted, lighted, wedded(BriE)

그러나 영국식이 미국에서도 사용되기도 한다.

(c) 과거 분사 proven은 미국 영어에서 일부 사람들을 제외하고 흔하게 사용되지만, 영국 영어에서는 proved의 형태로 남아 있다.

④ 구문 요소의 있고 없음

I'll go take a bath.(AmE)—I'll go and have/take a bath.(BriE)

Come see what I bought.(AmE)—Come and see what I bought.(BriE).

She resigned Thursday. 또는 She resigned on Thursday.(AmE)—She resigned on Thursday.(BriE)

The new museum will be open starting Tuesday. 또는 The new museum will open Tuesday.(AmE)—The new museum will be open from Tuesday.(BriE)

I'll write you.(AmE)—I'll write to you.(BriE)

The workers protested the decision.(AmE)—The workers protested against the decision.(BriE)

in the hospital('환자로서')과 at the university('학생으로서')(AmE)—in hospital('환자로서')과 at university('학생으로서')(BriE)]

⑤ 특정 구문에서의 전치사 사용의 차이

five after eight(AmE)—five past eight(BriE)

Monday through Friday(AmE)—Monday to Friday 또는 Monday to Friday inclusive(BriE).〈요일의 경우〉)

on Churchill Street(AmE)—in Churchill Street(BriE)〈도로의 경우〉

다섯째, 부호 표시의 차이

부호를 표시하는 방식에 있어서 미국영어와 영국영어는 차이가 난다.

① 호칭에서

호칭 다음에 마침표(.)를 찍는 것은 미국영어이고, 마침표(.)를 찍지 않는 것은 영국 영어 표기방식이다. 이에 해당되는 호칭으로는 Mr.(Mr), Mrs.(Mrs) 등이 있다.

Mrs. Thacher is no longer in charge, of course.(AmE)

Mrs Thacher is no longer in charge, of course.(BriE)

(대체 여사는 물론 이제 더 이상 담당하고 있지 않다.)

Mr. Tong was appointed manager of the company in 1984.(AmE)

Mr Tong was appointed manager of the company in 1984.(BriE)

(통씨는 천구백팔십사 년에 회사의 경영자로 임명되었다.)

② 표시 방법에서

(a) 몇 시 몇 분이라는 시간과 분을 표기할 때

시간을 표시할 때 미국영어는 시와 분 사이에 콜론(:)으로 표기하고, 영국영어는 마침표(.)로 표기한다.

She always arrives at 6:30.(AmE)

She always arrives at 6.30.(BriE)

(그녀는 항상 여섯 시 삼십 분에 도착한다.)

I'll pick him up at 8:00.(AmE)

I'll pick him up at 8.00.(BriE)

(내가 그를 여덟 시에 데리러 가겠습니다.)

The meeting will begin at 9:00 a.m. Refreshments will be available from 8:30 onwards.(AmE)

The meeting will begin at 9.00 a.m. Refreshments will be available from 8.30 onwards.(BriE)

(그 회의는 아홉 시에 시작할 겁니다. 가벼운 음료는 제공될 겁니다.)

(b) 직접화법의 내용을 표기할 때

직접화법에서 미국영어는 " "로, 영국영어는 ' '로 표기한다.

"Have you ever been to France?" she asked.(AmE)

("프랑스에 갔다 온 적이 있습니까?"라고 그녀는 물었다.)

'Have you ever been to France?' she asked.(BriE)

('프랑스에 갔다 온 적이 있습니까?'라고 그녀는 물었다.)

"It's a long way to the nearest garage," she said.(AmE)

("가장 가까운 차고까지 먼 거리입니다."라고 그녀는 말했다.)

'It's a long way to the nearest garage,' she said.(BriE)

('가장 가까운 차고까지 먼 거리입니다.'라고 그녀는 말했다.)

(c) 우편번호(Zip Code 또는 Postal Code)를 표기할 때

미국영어는 숫자 다섯 자리로 나타내고, 영국영어는 숫자와 알파벳으로 나타낸다.

〈영국 우편번호〉

영국의 우편번호는 알파벳과 숫자로 구성된다.

KT3 4ZP

* 맨 앞에 나오는 KT는 지역(킹스턴〈Kingston〉 지역)을 나타낸다. ZP도 작은 지역을 나타내는데 작은 지역을 AA부터 ZZ까지 나누어 사용된다.

M16 0RA

* 맨 앞에 나오는 M은 맨체스터 지역을 나타낸다.

G40 3RE

SW20 0AY(한인회 사무실)

SW1P 3PA(영국 국회의사당)

〈미국 우편번호〉

미국의 우편번호는 숫자 다섯 자리로 구성된다.

다음과 같은 주소에서 MN 다음에 있는 것이 우편번호이다. MN는 Minnesota로 주이름을 줄여서 쓴다.

Anthony Quinn

3256 Epiphenomenal Avenue

Minneapolis, MN 55416

94043(Mountain View CA 지역의 우편번호)

02111(Massachusetts주의 Boston 지역의 우편번호).

10012(New York, NY 지역의 우편번호)

73452(Oklahoma주의 Oakland의 우편번호)

(d) 숫자를 표기할 때

– 백(100)과 다음 숫자 사이에 영국영어는 'and'를 넣고, 특히 격식을 차리지 않는 미국영어에서는 종종 빠진다.

The club has about a hundred (and) thirty members.(AmE)

The club has about a hundred and thirty members.(BriE)

(그 클럽은 약 백삼십 명의 회원을 갖고 있다.)

– 천(1000) 단위를 표시할 때 세 자리 단위에서 영국영어에서는 콤마(,)를 넣지 않고, 미국영어는 콤마를 넣는다.

The palace was built 1,000 years ago.(AmE)

The palace was built 1000 years ago.(BriE)

(그 궁전은 천 년 전에 지어졌다.)

3 up to date, to date와 so far의 차이

up to date, to date, so far와 until now는 뜻이 거의 비슷한 듯 보이지만 그 쓰임새는 약간씩 차이가 있다. up to date는 '현대식의, 최신 유행의, (정보가) 최근의[최신의]'라는 뜻이다. to date는 '지금까지'라는 뜻이다. so far는 '지금까지[이 시점까지]'(=thus far)라는 뜻이다. until now는 '지금까지, 아직까지'라는 뜻이다. 그리고 up to now는 '지금까지, 여태껏, 아직껏'이란 뜻이다.

〈up to date의 경우〉

up to date는 기계류, 장비, 방법이나 책 등의 경우에 특히 가장 최근의 지식, 정보나 발명 등에 바탕을 두었기 때문에 현대적이거나 최신인 것을 일컫는다. 그리고 사람의 경우에 무엇인가에 관해 가장 최근의 정보를 갖고 있는 것을 일컫는다. up to date는 up-to-date로도 쓴다.

This technology is being up to date.
(이런 기술은 완전 현대식이다.)
She brought him up to date with what had happened.
(그녀는 일어난 일에 대한 최근 정황을 그에게 알려 주었다.)
We are keeping up to date with the latest developments.
(우리는 가장 최근의 전개 상황에 대한 정보를 계속 받고 있다.)
You can get the up-to-date weather information over the phone.
(여러분은 전화로 최신 날씨 정보를 얻을 수 있다.)
Many phones are using the most up-to-date network available, called 4G.
(다수의 휴대전화는 포 지라고 하는 가장 최신의 네트워크를 사용하고 있다.)

* 그런데 up to date와 비슷한 뜻을 가진 latest는 '(가장) 최근의[최신의]'라는 뜻으로 쓰인다. latest는 그 어느 것 보다 훨씬 최근에 디자인되거나 생산되

거나 출판되거나 하는 등을 일컫는다.

Have you read her latest novel?

(당신은 그녀의 최근 소설을 읽어 봤습니까?)

Have you heard the latest news?

(넌 최근 소식 들었니?)

Have you seen the latest Toyota's latest models?

(당신은 토요타의 최신 모델들을 보았나요?)

그런데 at the latest는 '(아무리) 늦어도'라는 뜻으로 쓰인다.

Applications should be in by next Monday at the latest.

(지원서는 늦어도 다음 월요일까지는 접수되어야 한다.)

Our final decision will be made by Monday at the latest.

(우리의 최종 결정은 늦어도 월요일까지 이루어질 것입니다.)

You should hand in the report by tomorrow at the latest.

(늦어도 내일까지는 보고서를 제출하셔야 합니다.)

〈to date의 경우〉

미래에도 (아마도) 계속될 상황에 대해 말하고 있을 때 to date와 so far를 쓴다.

to date는 격식을 차리는 스타일에서 쓰인다. so far는 일반적으로 쓰인다.

To date, we have received over 200 replies.

(지금까지 우리는 이백 통 이상의 회신을 받았다.)

The exhibition contains some of his best work to date.

(그 전시회에는 지금까지 나온 그의 작품들 가운데 최고 작품이 포함되어 있다.)

We've done everything we're supposed to have done to date.

(우리가 지금까지 해야 할 일은 다했다.)

To date, his films have grossed more than $8.5 billion worldwide.

(지금까지, 그의 영화는 전세계에서 85억 달러 이상을 벌어들였다.)

To date, astronomers have discovered more than 700 planets outside of our solar system.

(지금까지, 천문학자들은 태양계 바깥 쪽에서 칠 백개 이상의 행성을 발견했다.)

〈so far의 경우〉

미래에도 (아마도) 계속될 상황에 대해 말하고 있을 때 so far를 쓴다.

So far, so good.

(지금까지는 좋다[순조롭다].)

＊ 이것은 속담이다.

So far this week it's hardly stopped raining.

(이번 주 지금까지 비가 거의 그치지 않는다.)

What do you think of the show so far?

(지금까지의 그 쇼[프로]에 대해 어떻게 생각하세요?)

Detectives are so far at a loss to explain the reason for his death.

(형사들이 이 시점까지도 그의 사망 원인을 어떻게 설명해야 할 지 갈피를 잡지 못하고 있다.)

＊ 그런데 so far가 격식을 차리지 않는 경우에는 '어느[그/이] 정도까지만[는]' 이란 뜻 으로 쓰이기 도 한다.

I trust him only so far.

(나는 그를 어느 정도까지만 믿는다.)

I can trust you only so far.

(나는 그 정도까지만 당신을 신뢰할 수 있다.)

This may not be good for all students or schools, but its advantages so far deserve our interest.

(이것은 모든 학생들이나 학교들에게 다 좋은 건 아닐지 몰라도, 그 장점들은 어느 정도까지는 우리의 관심을 끌 만하다.)

〈until now의 경우〉

No one knew if these rocks were real, until now.

(현재까지 어느 누구도 이 암석들이 진짜인지는 알 수 없다.)

Even until now, no one knows why the show had to stop.

(현재까지도, 아무도 왜 프로그램이 중지됐는지 아무도 모른다.)

Until now, Levi's brand of jeans is very famous throughout the world.

(지금까지, 리바이스 브랜드 청바지는 전 세계에서 유명하다.)

Until now, many people have tried to conquer the world's highest mountain.

(지금까지 수많은 사람들이 세계에서 가장 높은 산을 정복하려고 했다.)

Until now, we have only seen these machines in our imagination or in a book or movie.

(지금까지, 우리는 상상 속에서나 혹은 책이나 영화에서 이 기계들을 볼 수 있었다.)

〈up to now의 경우〉

Up to now we have been lucky.

(지금까지는 우리가 운이 좋았다.)

Up to now I've never seen a panda.

(여태까지 자이언트 판다를 본 적이 없다.)

Up to now about 780 people received the Nobel Prize.

(지금까지 약 칠백팔십 명의 사람들이 노벨상을 받았다.)

Up to now, their flight capabilities have been rudimentary.

(지금까지 그들의 비행능력은 초보적이었다.)

Up to now relations between the U.S. and Afghanistan have been tense.

(지금까지 미국과 아프가니스탄의 관계는 긴박했다.)

4 in spite of와 regardless of의 차이

in spite of는 '~에도 (불구하고), ~을 무릅쓰고, ~을 무시하고'(=despite)라는 뜻이다. in spite of는 다른 사실과 크게 대조되는 사실을 소개하기 위해 사용한다(to introduce a fact that is in sharp contrast with another fact.)

regardless of는 '~에 상관없이[구애받지 않고], 관계없이, 불구하고. 이든, ~에 개의치 않고'이란 뜻이다. regardless of는 어떤 특별한 사실이 어떤 어려움이 있다할지라도 행위의 과정을 변경할 수 없는 것을 강조하기 위해 사용한다.(to emphasize that a particular fact does not change a course of action, even though it may be a difficulty.)

〈in spite of의 경우〉

In spite of his age, he still leads an active life.
(그는 그 연령에도 아직 활발한 생활을 한다.)
In spite of being sick, she went to work today.
(그녀는 몸이 아픈데도 불구하고 오늘 일하러 갔다.)
In spite of those disabilities, he became the world's most famous physicist.
(그런 장애에도 불구하고, 그는 세계에서 가장 유명한 물리학자가 되었다.)
In spite of the difficulties, people are cooperating to overcome the challenges.
(어려움에도 불구하고, 사람들은 그 난제를 극복하기 위해서 협력하고 있다.)
English became the official language for business in spite of the fact that the population was largely Chinese.
(그 인구의 대부분이 중국인이라는 사실에도 불구하고 영어가 상업용 공용어가 되었다.)

* 상황이 두 가지 행위나 사물들 사이에 선택을 포함할 때 in spite of가 아닌

instead of를 사용한다. instead of는 '…대신에, 아니고, 말고, 보다는, 이외에'라는 뜻이다. instead of 뒤는 명사뿐만 아니라 형용사, 동명사, 부정사나 as 절 등도 가능하다.

We just had soup instead of a full meal.

(우리는 제대로 된 식사 대신 수프만 먹었다.)

I'll take coffee instead of tea this morning.

(나는 오늘 아침에는 홍차 대신 커피를 마시겠다.)

Now I can walk to work instead of going by car.

(나는 이제 차를 이용하는 대신에 걸어서 출근할 수 있다.)

〈regardless of의 경우〉

The club welcomes all new members regardless of age.

(본 클럽에서는 나이에 상관없이 모든 신입 회원들을 환영합니다.)

Regardless of the cost, I'm going to Europe this summer.

(비용이 얼마가 들건 나는 이번 여름에는 유럽에 갈 작정이다.)

He went abroad and did it, regardless of the consequences.

(그는 결과에 구애 받지 않고 계속 추진하여 그것을 했다.)

The most important thing is trying with your best effort, regardless of the outcome.

(가장 중요한 것은 결과에 상관없이 최선을 다하는 것이다.)

The amount will be paid to everyone regardless of whether they have children or not.

(그 액수의 돈은 자녀가 있건 없건 상관없이 모든 사람들에게 지불된다.)

5 that의 다양한 쓰임새

that는 영어에서 다양하게 쓰이고 있다. that는 지시대명사, 지시형용사, 부사, 관계대명사의 선행사, it ~ that 강조구문, 습관적으로 쓰이는 경우와 접속사로서 명사절, 형용사절이나 부사절을 이끈다.

1) 지시대명사로 쓰이는 경우

that가 앞에서 말한 사람이나 사물 · 장소 · 말하는 이나 듣는 이가 이미 알고 있는 사람이나 사물을 직접 가리킬 때 쓰인다. 이 때 that는 '그것, 저것, 그[저] 사람, 그 때'란 뜻이다.

Who is that?

(저 사람은 누구지?)

That was the best time.

(그때가 최고였어.)

Where did you buy that?

(그것을 어디서 샀니?)

Hurry up, that's a good boy.

(빨리 해라, 참 착한 아이지.)

If that's what you think, you're way off base.

(그게 네 생각이라면 넌 완전히 잘못 생각하고 있는 거야?)

2) 지시형용사로 쓰이는 경우

that가 명사를 꾸며주는 경우에는 지시형용사로 쓰인다.

Look at that man over there.

(저기 있는 저 남자 한번 봐.)

You needn't finish that work today.

(네가 그 일을 오늘 끝낼 필요는 없다.)

How much are those apples at the back?

(뒤편에 있는 저 사과들은 얼마에요?)

You ought to see a doctor about that cough.

(너 그 기침에 대해 의사에게 가 봐야[의사의 진찰을 받아 봐야] 해.)

Have you forgotten about that money I lent you last week? ?

(너 내가 지난주에 네게 빌려준 그 돈에 대해 잊어버린 거니?)

3) 부사로 쓰이는 경우

that가 ‘(양·정도를 나타내는 형용사·부사를 한정하여) 그렇게, 그만큼, 그 정도, 기대[예상]한 정도로는’라는 뜻으로 부사로 쓰인다.

It isn't all that cold.

(날이 그렇게 춥지는 않다.)

I can't walk that far.

(난 그렇게 멀리 걸을 수가 없어.)

I'm not paid that much money.

(나는 돈을 그만큼은 받지 않고 있다.)

There aren't that many people here.

(여기에 사람들이 그렇게 많지는 않다.)

I was that scared I didn't know what to do.

(나는 그 정도로 놀랐기 때문에 어떻게 해야 될지 몰랐다.)

4) it ~ that의 강조구문에 쓰이는 경우

이 구문에서 강조되는 부분은 주어, 목적어, 부사나 형용사이다.

It is certain that they will agree.

(그들이 틀림없이 동의할 것이다.)

* 강조하기 전의 일반적인 글은 They are certain to agree.이다.

It was yesterday[here] (that) it happened.

(그것이 일어난 것은 어제[여기]였다.)

It was I that saw Sunny in the park yesterday.

(어제 공원에서 서니를 본 사람은 나였다.)

It was Sunny that I saw in the park yesterday.

(어제 내가 공원에서 본 사람은 서니였다.)

It is next week that the Kingdom Hotel is scheduled to open.

(킹덤 호텔은 다음 주에 개관할 예정이다.)

5) 접속사로서 명사절을 이끄는 경우

① 동사의 주어로서 명사절을 이끄는 경우

이 that절은 형식 주어 it에 의해 이끌리는 경우가 많다.

That she's still alive is sheer luck.

(그녀가 아직 살아 있다는 것은 정말 운이 좋기 때문이다.)

That he knows everything is obvious.

(그가 모든 것을 알고 있다는 것은 분명하다.)

That he was in error was beyond doubt.

(그가 틀렸다는 것은 의심할 여지가 없었다.)

That she was his mother never occurred to me.

(그녀가 그의 어머니라는 것은 내가 생각지도 못했다.)

That she survived in those conditions passes belief.

(그런 상황에서 그녀가 살아남았다는 것은 믿을 수 없다.)

② 동사의 목적어로서의 명사절을 이끄는 경우

이 경우의 that은 생략되는 일이 많다.

She said that the story was true.

(그녀는 그 이야기가 사실이라고 했다.)

I believe (that) you'll get on in the world.

(네가 사회에 나가서 잘 해나갈 줄 믿는다.)

I was confident (that) he would perform his part well.

(나는 그가 맡은 바 임무를 완수하리라 확신하고 있었다.)

Humans differ from brutes in that they can think and speak.

(인간은 생각하고 말할 수 있다는 점에서 짐승과 다르다.)

I know (that) people's handwriting changes as they get older.

(내가 알기로는 사람들이 나이가 들면 필체가 바뀐다.)

③ 동사의 보어로서의 명사절을 이끄는 경우

The assumption is that things will improve.

(앞으로 일이 향상되리라 예상됩니다.)

The point is (that) you are still responsible.

(요점은 너에게 여전히 책임이 있다고 하는 것이다.)

All I know is that she used to work in a bank.

(내가 아는 것이라곤 그녀가 예전에는 은행에서 일을 했다는 것뿐이다.)

It's not that I don't like this, but (that) I just like that better.

(나는 이것을 좋아하지 않는 것이 아니라, 저것을 더 좋아하는 것이다.)

The most important thing is that the prison looks as much like the outside world as possible.

(가장 중요한 점은 그 감옥이 가능한 한 바깥세상에 비슷하게 만들었다는 점입니다.)

④ 주어 또는 목적어에 대한 동격으로서의 명사절을 이끄는 경우

The news that the ship was lost depressed us all.

(그 배가 실종되었다는 소식은 우리 모두를 우울하게 만들었다.)

I always have the feeling that she enjoys teaching us.

(그녀는 우리를 항상 즐겁게 가르친다는 감정을 나는 항상 갖고 있다.)

There is no doubt (that) we were wrong from the start.

(우리가 처음부터 잘못되어 있었다는 것은 명백하다.)

We shall abolish the regulation that applicants must pay a fee.

(지원자들은 수수료를 지불해야 한다는 규정을 우리는 폐지할 것이다.)

The issue is complicated by the fact that a vital document is missing.

(그 사안은 꼭 필요한 문서가 없어졌다는 사실로 더욱 복잡해졌다.)

6) 접속사로서 형용사절을 이끄는 경우

that가 형용사절을 이끄는 경우는 관계대명사에 해당된다.

All that I say is true.

(내가 말하는 것은 모두 진실이다.)

I like people that smile a lot.

(나는 많이 미소를 짓는 사람들을 좋아한다.)

It's the best book that I've ever read.

(그것은 내가 읽은 것 가운데 가장 좋은 책이다.)

Where's the letter that came yesterday?

(어제 온 그 편지 어디 있니?)

Luck is something that comes in many forms.

(행운은 여러 가지 형태로 오는 법이다.)

그런데 동격으로 쓰이는 명사절과 형용사절을 잘 구별해야 한다.

① They received information that their car had been stolen.

(그들은 그들의 자동차가 도난당했다는 정보를 받았다.)

여기서 that their car had been stolen이 목적어인 information과 동격인 명사절이다.

② They received information that changed their plans.

(그들은 그들의 계획을 변경한 정보를 받았다.)

여기서 that changed their plans는 information을 꾸며주는 형용사절이다.

that이 명사절을 이끌 때는 that가 딸림 접속사이고, that가 형용사절을 이끌 때는 that가 관계대명사이다. 그런데 명사절이든 관계대명사이든 that가 생략되는 경우가 자주 있다. 관계대명사의 경우는 목적격 관계대명사로 쓰이는 경우이다.

We thought (that) he was married.

(우리는 그가 결혼했다고 생각했다.)

* 이것은 명사절로서 쓰이는 경우로 that 생략할 수 있다.

The fact (that) he's older than me is not relevant.

(그가 나보다 나이가 많다는 사실은 관련이 없다.)

* 이것은 형용사절로서 쓰이는 경우로 that를 생략할 수 있다.

7) 접속사로서 부사절을 이끄는 경우

① 원인이나 이유의 부사절을 이끄는 경우

원인이나 이유를 나타내는 부사절인 경우, '…이므로, …인 까닭에; …이라서, 그래서[…해서]'라는 뜻으로 so 이하 절을 이끈다.

I'm glad (that) you like it.

(마음에 드셔서 기쁩니다.)

I'm sorry that I missed the first meeting.

(저가 첫 모임에 참석하지 못해서 미안합니다.)

Now that he is over seventy, he is going to retire.

(그가 칠십 세 이상인 이제 은퇴할 것이다.)

* 여기서 now that는 이유를 나타냄과 더불어 '…한 이상 이제'라는 시간적인 뜻도 덧붙여져 있다.

I am absolutely delighted that we achieved what we set out to do.

(우리가 하기로 착수했던 일을 성취해서 저는 굉장히 기쁩니다.)

My heart is torn that I must be a carrier of bad news to those whom I love.

(사랑하는 사람들에게 나쁜 소식을 전해야 하다니 정말 가슴이 찢어질 것 같다.)

② 결과의 부사절을 이끄는 경우

결과를 나타내는 부사절인 경우, '그래서[그 결과] …하다'라는 뜻으로 so that … 라는 모양을 갖는다. 또한 such가 앞에 나오기도 하는데, '(매우) …이므로'라는 뜻으로 쓰인다.

It was <u>so</u> dark that I couldn't see anything.

(너무 어두워서 나는 어떤 것도 볼 수 없었다.)

He was so busy that he could not help me.

(그는 너무 바빠서 나를 도와줄 수가 없었다.)

He is <u>such</u> a nice man that everybody likes him.

(그는 참 좋은 사람이어서 모두가 그를 좋아한다.)

She was so tired that she couldn't think straight.

(그녀는 너무 피곤해서 제대로 생각을 할 수가 없었다.)

The traffic was so heavy that she almost didn't get here in time.

(교통 체증이 너무 심해서 그녀는 제 때에 그곳에 거의 도착하지 못했다.)

Nothing more was heard from him so that we began to wonder if he was dead.

(그에게는 더 이상 아무 소식이 없었다. 그래서 우리는 그가 죽은 건 아닌가 생각하기 시작했다.)

이유를 나타내는 것과 결과를 나타내는 것의 형식이 비슷하기 때문에 잘 구별 할 수 있어야 한다. 이유를 나타내는 경우 so가 혼자 쓰이고, 결과를 나타내는 경우에는 so that로 되는 경우가 대부분이다.

③ 목적이나 의도의 부사절을 이끄는 경우

목적이나 의도를 나타내는 부사절은 in order that, lest, so that와 that가 절을 이끌고 있다. so that의 경우는 결과로 표현하는 경우도 있고, 목적을 나타내는 경우도 있다. 목적을 나타내는 경우는 '~하도록[~하기 위해]'라는 뜻으로 so 절이나 so that ~라는 모양을 갖는다. 단지, 결과인 경우는 앞에서 우리글이나 말로 '그 결과로'라고 하면서 뒷부분으로 넘어가고, 목적인 경우에는 so that의 뒷부분에서 '~하기 위해'라고 옮기면서 앞으로 넘어오는 것이 다르다고 볼 수 있다. 그러니까 글의 앞에서 뒤로 뜻이 이어지느냐 글의 뒤에서 앞으로 뜻이 이어지느냐가 같은 모양이지만 그 내용이 다른 구별을 할 수 있다.

Speak louder <u>so</u> that everybody can hear you.

(누구에게나 들리도록 큰 소리로 말하시오.)

He works hard that his family may live in comfort.

([딱딱한 표현] 그는 가족이 안락하게 살 수 있도록 열심히 일하고 있다.)

But I gave you a map so that you wouldn't get lost!

(하지만 네가 길을 잃지 않도록 내가 지도를 줬잖아!)

She worked hard so that everything would be ready in time.

(그녀는 모든 것이 시간 내에 준비될 수 있도록 열심히 일을 했다.)

That she might learn to speak better English, her grandmother took her to London.

(그녀에게 더 좋은 영어를 배우게 하려고 할머니는 그녀를 런던으로 데리고 갔다.)

④ 범위나 · 제한의 부사절을 이끄는 경우

이 때는 '…하는 한'이란 뜻으로 쓰인다.

Nothing that I know of.

(내가 알기로는 없어요.)

I'm not (all) that frightened of my wife.

(내가 내 아내를 그토록 무서워하지는 않아.)

Not that I know of. I guess you're right.

(내가 알기로도 그렇지 않은데. 네 말이 맞는 것 같아.)

He has never been the worse for drinking that I know of.

(내가 아는 한 그는 술을 마셔도 절대로 주정을 한 적이 없다.)

There is no one that I know of, who deserves to love you.

(내가 알고 있는 사람이면서 당신을 사랑할 만한 자격이 있는 사람은 한 명도 없다.)

A: Any calls for me?

B: Not that I know of.

(A: 내게 전화가 왔었니?

B: 내가 알기로는 없었어.)

8) 관계대명사의 선행사로 쓰이는 경우

이 때 that는 '것, 일'이란 뜻이다.

Leo, what's that you're writing?

(레오, 네게 쓰고 있는 게 뭐지?)

What was that (that) you wanted?

(네가 바라는 것은 뭐였지?)

That which is bought cheap is the dearest.

(싼 게 비지떡.)

* 이것은 속담이다.

There is that about him which mystifies one.

(그에게는 어딘지 사람을 얼떨떨하게 만드는 이상한 데가 있다.)

Never put off till tomorrow that which you can do today.

(오늘 할 수 있는 일을 결코 내일로 미루지 마라.)

9) 주절이 생략된 글에서, 소망 · 기도 · 슬픔 · 분노 · 놀람 등을 나타내는 절을 이끈다.

Would that we were there.

(우리가 그곳에 있었다면.)

O that I were a little younger!

(아아 내가 조금만 더 젊다면!)

Oh, that Glenda were alive to see this.

(아, 그렌다가 살아서 이 광경을 볼 수 있었다면.)

10) 습관적으로 쓰이는 경우

① and (all) that: '그 밖의 모든 것[뭐 그런 것들]'(=and so on)이란 뜻으로 쓰인다.

Did you bring the contract and (all) that?

(계약서와 그 밖의 모든 것을 가지고 오셨나요?)

Did you know that all that stuff was free?

(그 음식들이 전부 공짜란 거 아셨나요?)

It was hard to believe that all that happened just a few months ago.

(단지 몇 달 전에 일어난 뭐 그런 것들을 믿기가 어렵네요.)

② that is (to say): '즉[말하자면], 정확히 말하면, 다시 말하면'이란 뜻으로 앞에 한 말을 보다 정확히 말하거나 정정할 때 쓰인다.

He's in the armed forces, that is to say he's a pilot.

(그는 군대에 있어, 정확히 말하면 조종사야.)

You'll find her very helpful—if she's not too busy, that is.

(그녀가 아주 도움이 될 거예요. 말하자면 그녀가 너무 바쁘지만 않으면요.)

He's a local government administrator, that is to say a civil servant.

(그는 지방 정부 관리 즉, 공무원이다.)

③ that's it: '바로 그것이다'와 '다 됐다[끝냈다], 그것이 전부이다[더 이상 어쩔 수 없다]'라는 뜻으로 쓰인다.

That's it, the fire's out now.

(다 됐어요. 이젠 불이 다 꺼졌어요.)

No, the other one... that's it.

(아니 다른 거... 그래 바로 그거.)

That's it for now, but if I get any news I'll let you know.

(지금은 그게 전부예요. 하지만 제가 무슨 소식 들으면 알려 드릴 게요.)

④ that's that: '그것[이것]으로 끝이다[더 이상 이러쿵저러쿵하지 말아야],

그뿐이다; 그것[이것]으로 결정 났다[끝났다]'라는 뜻으로 결정이 바뀌지 않을 것임을 나타낼 때 쓰인다.

I'm not doing it and that's that!

난 그거 안할 거야. 그게 다야!

Well I'm not going, and that's that.

(글쎄 난 안 갈 거야. 더 이상 뭐라고 하지 마.)

The treasurer paid him two weeks' salary and offered him a drink, and that was that.

(경리 계원이 이 주일 분의 급료를 주며 술이나 한잔하자고 했는데 그것으로 만사 끝장이었다[해고되었다].)

익힘문제

Ⅰ. 다음 글에서 that의 쓰임새와 예문이 같은 것끼리 연결하세요.

1. 지시형용사	a. It's about that long.
2. 목적어로서의 명사절	b. That incident changed their lives.
3. 결과의 부사절	c. My theory is that he forged the will.
4. 부사	d. We decided that we would buy the house.
5. 보어로서의 명사절	e. It is Mr. Park that leads the accounting team.
6. 목적의 부사절	f. It was so early that theree was hardly any traffic.
7. 강조구문	g. He fitted snow chains so that the wheel got a grip.

Ⅱ. 다음 글에서 틀린 부분이 있으면 고쳐 쓰세요.

1. Her husband is alive until now.

2. He's been in bed during all day.

3. The letter hasn't arrived until now.

4. I've only been here for two months until now.

5. The latest election was won by the socialists.

6. But do try to be parked by 8 a.m. at the last.

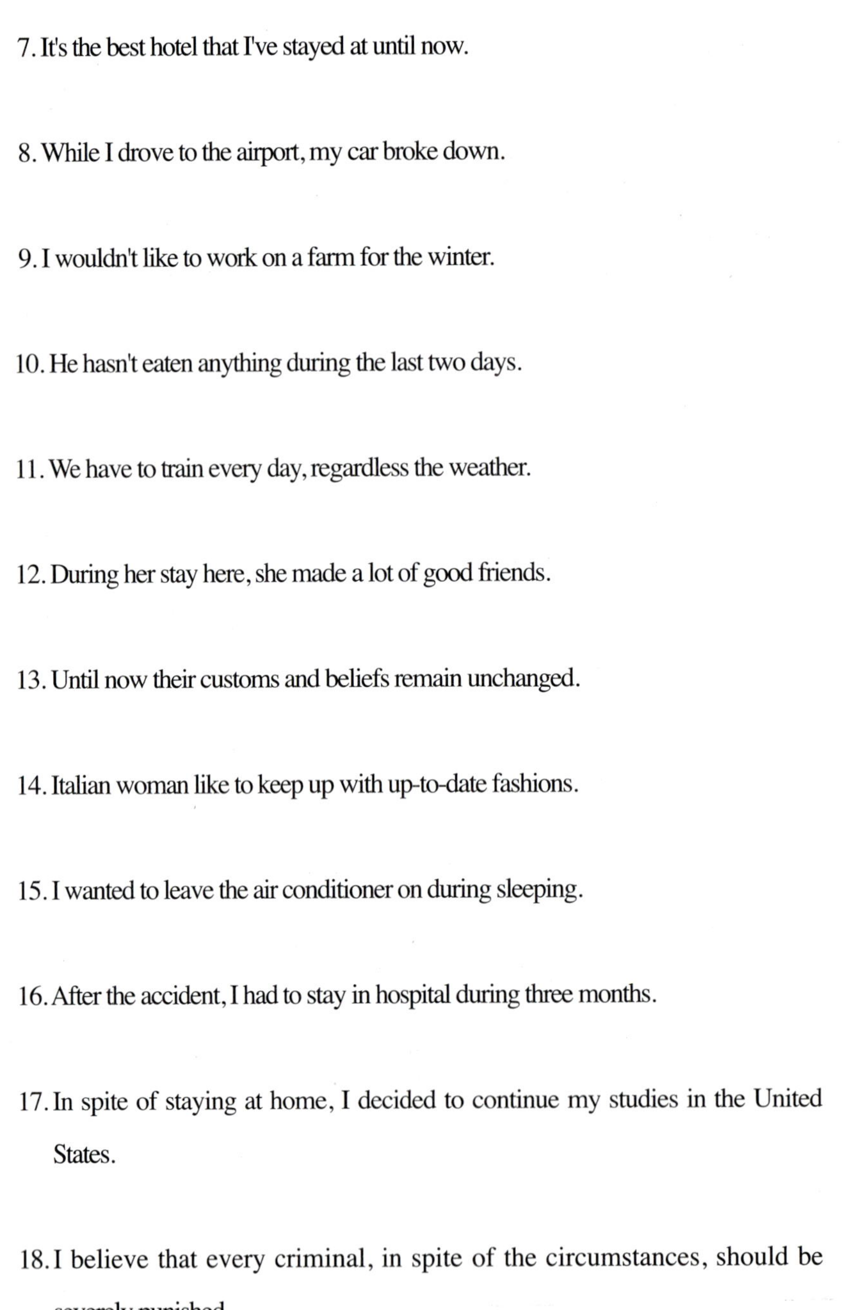

7. It's the best hotel that I've stayed at until now.

8. While I drove to the airport, my car broke down.

9. I wouldn't like to work on a farm for the winter.

10. He hasn't eaten anything during the last two days.

11. We have to train every day, regardless the weather.

12. During her stay here, she made a lot of good friends.

13. Until now their customs and beliefs remain unchanged.

14. Italian woman like to keep up with up-to-date fashions.

15. I wanted to leave the air conditioner on during sleeping.

16. After the accident, I had to stay in hospital during three months.

17. In spite of staying at home, I decided to continue my studies in the United States.

18. I believe that every criminal, in spite of the circumstances, should be severely punished.

ANSWERS

I. 1. (b), 2. (d), 3. (f), 4. (a), 5. (c), 6. (g), 7. (e)

II. 1. alive until now→still alive, * 어떤 것이 과거의 상황과 똑같이 지금도 동일한 것을 말하고 싶을 때 still을 쓴다. 2. during all day→all day, 3. until now→yet, * 어떤 것이 일어나지 않는 것을 말을 하는 순간까지를 의미하는 경우에는 yet를 쓴다. 4. until now→so far, 5. latest→last, 6. last→latest, 7. I've stayed until now→I've ever stayed at, * 과거의 어떤 때에서부터 말을 하는 순간까지를 의미하는 것은 ever이다. 8. drove→was driving, 9. for→during, 10. during→for, 11. regardless→regardless of, 12. For→During, 13. Until now→To this day, * 어떤 것이 과거의 상황과 똑같이 지금도 동일한 것을 말하고 싶을 때 still을 쓴다. 14. up-to-date→the latest, 15. during→while, 16. during→for, 17. In spite of→Instead of, 18. in spite of→regardless of

종합문제

Ⅰ. 다음 빈 곳에 들어갈 적당한 낱말을 고르세요.

1. By the time you (   ) this letter, I should be in New Zealand.

(A) had read (B) read (C) will read (D could read

2. What if the train (   ) late? Where shall I meet you then?

(A) is (B) was (C) were (D) being

3. When you (   ) Dave, tell him he still owes me some money.

(A) see (B) saw (C) will see (D) have seen

4. The reports weren't distributed (   ) the first part of the presentation. They were made available at the end.

(A) after (B) until (C) while (D) during.

5. If the United States had built more homes for poor people in 1955, the housing problems now in some parts of this country (   ) so serious.

(A) wouldn't be (B) wouldn't have been

(C) will not have been (D) would have not been

II. 다음 글에서 틀린 부분이 있으면 고쳐 쓰세요.

1. It is strange that he says so.

2. We hope to apologize for the delay.

3. She said to me to ask you to phone her.

4. Would you not mind to interrupt all the time?

5. You'd better tell them exactly what occurred.

6. One man is able to destroy the whole world.

7. They will without doubt be writing to us again.

8. When I'll return home, I'll look ofr a better job.

9. America is a paradise for young people indeed.

10. There is no doubt that she doesn't want the job.

11. The publisher insists that the article is rewritten.

12. I rarely go the market, except buying vegetables.

13. His parents neither shouted at him or smacked him.

14. Some of the staff reject to attend lunchtime meetings.

15. Even though you are not hot, your dog may be very hot!

16. This problem has also affected on the automobile industry.

17. Whenever you'll hear about this place, you'll want to come back.

18. She was the most unpleasant person that I had ever met before.

19. Ordering a meal can be very difficult, specially when there is no menu.

20. He claims that many young people do not want jobs but this is indeed not the case.

ANSWERS

Ⅰ. 1. (B), 2. (A), 3. (A), 4. (D), 5. (A),

Ⅱ. 1.says→say 또는 should say, 2. hope→'d like, 3. said to→told me, 4. to interrupt→interrupting, 5. occurred→happened, * occur는 격식을 차리는 글에서 보통은 happen이 쓰인다., 6. is able to destroy→is capable of destroying, 7. without doubt→no doubt, 8. I'll return→return, 9. a paradise for young people indeed→indeed a paradise for young people, 10. There is no doubt that she doesn't want the job.→She obviously doesn't want the job., 11. is→be 또는 should be, 12. buying→to buy, 13. or→nor, 14. reject→refuse, 15. even though→even if, 16. affected on→affected, 17. you'll hear→you hear, 18. that I had ever met before→ that I had ever met, 19 specially→especially, 20. indeed→certainly

ㄱ. ㄴ. ㄷ.......

가정 31
가정법 141, 264, 285
가정법 과거 268, 270
가정법 현재 268, 269
과거완료 15, 207, 268
관계대명사 175, 297, 301, 302, 306
당위성 40, 43, 75, 85, 190, 285
대명사 101, 171, 177
도우미동사 75, 76, 108, 280
동명사 91, 92, 98, 226, 296
뒤섞인 가정법 264, 268
명령문 75
명사절 40, 85, 145, 190, 246, 268, 297, 299
미국영어 40, 88, 110, 190, 225, 266, 280
부정사 91, 94, 96, 99, 100, 226, 248, 296
사역동사 75, 77
셀 수 없는 명사 155, 202
셀 수 있는 명사 155
시간27, 82, 99, 136, 139, 207, 222, 233, 303
시제 15, 40, 75, 85, 139, 146, 190, 207, 268, 276
알몸동사 40, 75, 190, 227
영국영어 40, 113, 171, 190, 266, 280
이성적 판단 43, 85, 190
접속사 139, 175, 246, 297, 299, 301, 302
조건 140, 141, 248, 254, 257, 260
주동사 75, 91
준동사 66
지각동사 75, 80
최상급 177, 186, 188, 213, 222
현재완료 15, 139, 145, 207, 255, 285
형용사 45, 75, 85, 171, 175, 186, 190, 193, 209

A. B .C.......

above all 213
after 206, 224, 254, 286
among 186, 233, 235
as regards 230, 231
at most 174
bare infinitive 75, 227
be able to 47, 116, 118, 121
be going to 123
beat 12, 13, 14
besides 227
between 45, 233
beyond doubt 31, 153, 299
certainly 31, 39, 209, 212
concerning 141, 148, 230, 249
countable noun 155,
damaged 70
during 87, 93, 228
doubt if 22, 29, 30

doubt that 29
doubt whether 29, 146
especially 22, 213, 214
even if 262, 263
even though 262
except 253
had better 75, 83
have to 76, 110
hope 15, 17
if 29, 256, 258
if ... not 253, 255, 256
in case 140, 144, 266
in spite of 295
indeed 209
invite 27
main verb 75, 91
mind 33
most 213, 214
must 110, 112
neither 168, 169
no doubt 31, 152, 153
none 168, 170
occur 24, 25
of course 31
ought to 110, 114
quite 205
rather 129
refuse 20
regardless of 295, 296
reject 20, 21
say 8, 9, 31
so 117, 159, 160, 230
so far 230, 291
still 187, 207, 208
take place 24, 25
tell 8, 9
that 18, 29, 40
to date 291, 292
too 209
uncountable noun 155
unless 140, 142, 227, 266
up to date 291
used to 300
when 31, 72, 145, 227, 244, 245
whether 29, 30
while 139, 227, 254, 276
will 72, 123, 124
win 12
wish 15
with regard to 230
without doubt 152
would rather 129
wound 71
yet 285

알쏭 달쏭 영문법

초판인쇄 | 2015년 9월 24일
초판발행 | 2015년 9월 31일

지 은 이 | 서용득
발 행 인 | 현영덕
발 행 처 | 도서출판 YOUNG
등록번호 | 105-90-67568

주 소 | 경기도 고양시 일산동구 호수로 358-25 (동문굿모닝타워2차 1005호)
전 화 | 031) 904-7905~6
팩 스 | 031) 904-7907
E-mail | youngpub@naver.com

ISBN 978-89-92843-74-4 93740 [정가 24,000원]